EL DIABLO

EL DIABLO

Giovanni Papini

EL DIABLO

APUNTES PARA UNA FUTURA DIABOLOGÍA

Editorial Época, S.A. de C.V.
Emperadores núm. 185
Col. Portales
C.P. 03300, México, D.F.

El Diablo

Autor: Giovanni Papini.

© Derechos reservados 2008
© Editorial Época, S.A. de C.V.
   Emperadores núm. 185, Col. Portales
   C.P. 03300, México, D.F.
   email: edesa2004@prodigy.net.mx
   www: editorial-epoca.com.mx
   Tels: 56-04-90-46
          56-04-90-72

ISBN: 968-676-947-1
ISBN: 978-968-676-947-0

Impreso en México — *Printed in Mexico*

Presentación

Acerca del Diablo se han escrito centenares de volúmenes. Y yo no habría tenido la osadía de escribir uno más, si no estuviese seguro de que el mío es distinto de todos. Distinto en la intención, en el espíritu y cuando menos en parte, en el método y contenido.

Creo poder afirmar, —para decir lo esencial en este preámbulo— que éste es el primer libro escrito sobre el Diablo por un cristiano, conforme al más profundo sentido del cristianismo.

CRO

Este libro no es:

una historia de las opiniones y creencias acerca del Diablo;

una incursión más o menos erudita o más o menos amena a través de las leyendas antiguas y modernas en torno al Diablo;

un árido tratado doctrinario calcado en la falsilla de la escolástica tradicional;

un prontuario ascético para proteger a las almas de las acechanzas y de los ataques del Demonio;

una selección de santas inventivas y de alegatos combativos contra el enemigo tradicional;

una historia de los acólitos terrestres del Diablo, o sea, de los magos, ocultistas y demás gente de esta índole; una romántica orgía de literatura satánica con sus misas negras y otras imbecilidades bestiales;

una elucubración metafísica sobre el problema del mal, parecido al del kantiano Ehrard;

y, en suma, no es siquiera, como algún lector irreflexivo podría creer, una defensa del Diablo.

☙❧

Antes que nada me he propuesto, guiado por un sentimiento de caridad y de misericordia, estudiar, liberándome antes de prejuicios y prevenciones, los problemas siguientes:

las verdaderas causas de la rebelión de Lucifer (las cuales no son las comúnmente creídas);

las verdaderas relaciones entre Dios y el Diablo (mucho más cordiales de lo que hasta ahora nos hemos imaginado);

la posibilidad del intento por parte de los hombres de hacer volver a Satanás a su primer estado, liberándonos todos de la tentación del mal.

Por lo que hace a los dos problemas primeros he procurado siempre apoyar mis observaciones en textos del Antiguo y del Nuevo Testamento, de los padres de la iglesia, de filósofos y escritores cristianos. Por lo que toca al último problema me he limitado a señalar conjeturas y esperanzas que, aun no habiendo sido confirmadas por las pruebas dogmáticas, se me antojan que están en perfecta armonía con la concepción de un Dios definido como amor absoluto.

☙❧

Los lectores encontrarán en este libro muchas novedades. Sin embargo, ha de advertir que muchísimas de estas novedades aparecerán como tales a aquellos que no conocen lo bastante la patrística y la literatura cristianas.

Hasta el siglo XVI la libertad de interpretación de los dogmas fue mucho mayor de lo que imaginarse pueda uno hoy y se ha de consignar que no todas aquellas opiniones, que no tocaban al meollo del dogma, fueron consideradas heréticas por la Iglesia. Y es de notarse también que tamaña especulación teológica y filosófica florece durante aquellos siglos en los cuales la Iglesia cristiana tenía una fe más ardorosa y fuerte de la que tiene hoy.

Espero, sin embargo, que los honrados guardianes de la ortodoxia no se escandalizarán demasiado de ciertas expresiones audaces de mi esperanza cristiana y que cuidarán más del espíritu y de la intención que de ciertas intemperancias del lenguaje.

☙❧

Este libro es el fruto de lecturas e investigaciones durante algunos años. Y no es de ahora que me haya sentido tentado a abordar el problema de las relaciones entre el Diablo y los hombres. Ya en 1905 —o sea, cuando yo tenía solamente 24 años— escribí dos ensayos de moral fantásticos que titulé: El Demonio me dijo *y* El Demonio tentado, *los cuales fueron publicados en el volumen* Il Tragico Quotidiano.[1] *Esta idea no me ha abandonado nunca, hasta el extremo de que en 1950 escribí un breve drama en tres tiempos —*Il Diavolo Tentado *que fue transmitido dos veces por la radio italiana y que ahora reproduzco en el apéndice de este libro.*

Naturalmente que desde 1905 a 1953 mi concepción de Satanás ha cambiado totalmente. El cristianismo ha cambiado los motivos de mi atracción, pero quizá mi simpatía juvenil por el ángel caído tenía un significado de premonición. También el Demonio forma parte del mundo sobrenatural y cristiano.

Se puede entrar en el reino de Dios hasta por la puerta negra del pecado.

Suscribo y hago mías estas palabras valientes de Graham Greene: "Donde Dios está más presente es precisamente allí donde está su enemigo, y por el contrario, donde el enemigo está ausente, nosotros desesperamos con frecuencia de hallar a Dios. Uno se siente tentado a creer que el mal no es más que la sombra producida por el bien, en su perfección, y que nosotros llegaremos un día a comprender también la sombra".

☙❧

Este libro está dedicado a todos los amigos, que no sean en el fondo un poco enemigos, y a todos aquellos enemigos que tal vez mañana podrían convertirse en nuevos amigos.

---

[1] *Il Tragico Quotidiano.* Florencia, Lumachi, 1906. páginas 39-51. En 26 de abril de 1903 había hecho una comunicación sobre los *Adoradores del Diablo* (Yezidi) a la Sociedad Italiana de Antropología de Florencia. De ello se encontrarán noticias en el *Archivio per l'Antropologia ed Etnologia* de aquel año.

Pero lo dedico más que nada a aquellos lectores vecinos o lejanos que estén dotados al mismo tiempo de buena inteligencia y de buena voluntad.

Giovanni Papini

I
NECESIDAD DE CONOCER AL DIABLO

1
RETRATO DEL DIABLO POR EL AUTOR

En el mundo de las grandes religiones hay un ser que está aparte y que no es bestia, ni es hombre ni mucho menos Dios. Y, sin embargo, este ser se sirve de las bestias, asiste a los hombres y osa mezclarse con Dios mismo. Es, según el dogma cristiano, un ángel que capitanea a una legión de ángeles, pero es un ángel caído, desfigurado, maldito.

Es odiado por los mismos que han prometido amar a los enemigos, y es temido por aquellos que son más diferentes y están más lejos de él, los santos. Pero es obedecido e imitado por aquellos otros que no creen o dicen no creer en su existencia.

Los teólogos, de todos los tiempos, apenas si se han ocupado de él como si se avergonzasen de creer en su "presencia real" o tuviesen miedo de fijarle una fisonomía o de penetrar en su esencia. Los padres de la Iglesia y los escolásticos hablan mucho de él y le han consagrado tratados enteros. Hoy, en cambio, sus tímidos sucesores se limitan a hablar de él, de escapada, en el capítulo de los ángeles y del pecado original, casi con escrúpulo y pudor, como si temieran escandalizar a los "espíritus libres," que han expulsado de la "buena sociedad" de la *inteligencia* las "supersticiones medievales".

Los filósofos en efecto, apenas si se dignan llamar alguna vez a ese ser por su verdadero nombre, bien que no puedan substraerse a hablar de él bajo nombres más abstractos y por esto más "decentes". Uno de ellos, el famoso Alain, escribía, con aire satisfecho, en 1921: "El Diablo ha sufrido la misma suerte que todas las apariciones… La guerra misma, tal como yo lo he visto, no ha hecho revivir al Diablo y a sus cuernos". Ahora bien, para este racionalista arrogante y categórico el Diablo era una "aparición" y como no muestra ya su cara y sus patas de chivo quiere decir que ha dejado de ser. Convengamos en que la imbecilidad de los filósofos "profundos" es tan inmensa que solamente puede ser

11

superada por la misericordia infinita de Dios. Pero los poetas y los literatos, o sea los artistas, mucho más sensibles a los efluvios espirituales y que conocen la vida humana y sobrehumana mucho más de cerca que los malabaristas de "conceptos", no son del mismo parecer. Y desde ha muchos siglos los poetas han ocupado el lugar abandonado por los teólogos y por los filósofos. Desde tiempo inmemorial tenemos del gran enemigo una imagen terrible, de su tétrica grandeza, de su tristeza atroz. Aún hoy, en los poemas más divinos, en las tragedias más tormentosas, en las novelas más introspectivas, en las mitologías refinadas de los moralistas y de los inmoralistas y hasta en las películas exquisitas y triviales del cinema, el ángel caído está presente y habla bajo toda clase de disfraces y posturas. El pueblo lo recuerda de continuo, pronuncia cada día sus nombres, aunque no siempre es sabedor de que vive bajo su dominación.

No hará más de treinta años, las llamadas "personas cultas", los administradores de la *inteligencia* burguesa, no se ocupaban de él o se acogía con una sonrisa de suficiencia su nombre como si se tratase del de un viejo personaje del teatro de marionetas. Hoy las cosas han cambiado bastante. Y hasta los empresarios del "espíritu puro", hasta los literatos al servicio del "buen mundo" no sonríen ya. ¡Si hasta los teólogos empiezan a discursear de él abiertamente, sin eufemismos prudenciales! El Demonio ha recuperado sus derechos de ciudadanía en la república de la cultura. Después del desencadenamiento de dos guerras, después de esas saturnales de odio y de ferocidad, después de tantas pruebas y confirmaciones de su influencia y de su potencia, Satanás queda reconocido no solamente como una creación poética, sino como uno de los protagonistas de la historia.

A despecho de esta comparecencia en la esfera de lo verdadero y de lo verosímil, el Diablo es aún muy poco conocido. Este ser infame, pero famoso, invisible, pero omnipresente, ora negado y ora adorado, ya temido y ya vilipendiado, que tuvo sus cantores y sus sacerdotes, sus cortesanos y sus mártires, es aún más popular que comprendido, más representado que conocido. Es necesario mirarlo con ojos nuevos, acercarnos a él con un nuevo espíritu. No ya con el servilismo del mago que quiere aprovecharse de él ni con el terror del devoto que ansía defenderse de sus acechanzas, sino con los ojos y con el espíritu del cristiano hasta las últimas consecuencias —aun las más temerarias— del cristianismo.

Él se llama en hebreo, *Satán,* esto es el adversario, el enemigo; en griego se llama *Diablo,* o sea el acusador, el calumniador. Pero ¿es lícito a un cristiano odiar al enemigo? ¿Es lícito a la gente honrada calumniar al calumniador?

Los cristianos hasta la fecha no han sido lo bastante cristianos para con Satanás. Le temen, le huyen o fingen ignorarlo. Pero si el miedo puede quizá salvarlos de sus tentaciones, no es ciertamente un arma de salvación para el futuro ni para el resto de los mortales. Cristo, modelo divino de cristianos, habló con Satanás durante cuarenta días y recibió el beso de aquél en que Satanás había encarnado para conducirlo a la muerte.

Pero más peligrosa que el miedo es la indiferencia que acaba las más de las veces por convertirse en complicidad culpable de las ofensivas diabólicas. Quien no está en guardia es más fácilmente sorprendido y capturado. Aunque esta vez ha sido un poeta el que ha intuido la verdad: "La más hermosa habilidad del Diablo —ha escrito Baudelaire— es habernos persuadido de que él no existe".

Ni con el miedo ni con la ignorancia podemos desterrar de este mundo al príncipe, que hace sentir cada vez más su espantosa dominación. Para liberar del Demonio al pueblo cristiano, y de una vez para siempre, es más aconsejable y más conforme con el mandato evangélico del amor, tratar de conocerlo más exacta y profundamente, no ya para caer en sus trampas y participar en sus operaciones, sino para mejor guardarse de él, para tratar de hacerlo volver a su naturaleza originaria.

Comprender es una predisposición para amar. El cristiano no puede y no debe amar en Satanás la rebelión, el mal y el pecado, sino que puede y debe amar en él a la criatura más horriblemente desgraciada de toda la creación, al jefe y símbolo de todos los enemigos, al arcángel que estuvo un día cerca de Dios. Quizá únicamente nuestro amor pueda ayudarlo a salvarse, a volverlo a su prístino ser, el más perfecto de los espíritus celestes. Salvándolo del odio de todos los cristianos, todos los hombres serán salvados para siempre de su odio.

Cristo amó a los hombres, aun a los rebeldes, corrompidos y bestiales, hasta el punto de recabar para sí todos nuestros pecados, hasta el extremo de morir por nosotros de una muerte infamante. ¿No podría ser que Él, Cristo, haya querido liberarnos de la esclavitud del Demonio aun por la esperanza de que los hombres a su vez, pudiesen liberar al

Demonio de su condena? ¿No podría ser que Cristo hubiese redimido a los hombres, porque éstos, merced a su precepto de amar a los enemigos, sean dignos de soñar un día la redención del enemigo más funesto y más obstinado?

Un verdadero cristiano no debe ser malvado ni aun con los malvados, no debe ser injusto ni aun con los injustos, no debe ser cruel ni aun con los crueles, sino que debe ser un tentador del bien aun con los tentadores del mal. Debemos, pues, acercarnos a Satanás con espíritu de caridad y de justicia, no para hacernos sus admiradores e imitadores, sino con el propósito y la esperanza de liberarle a él de sí mismo, y, por supuesto, a nosotros, de él. Quizá él no espere más que un impulso de nuestra caridad para encontrar en sí la fuerza de regenerar su odio, es decir, para librar al mundo entero de su señorío del mal.

Este libro no es y no quiere ser una defensa o una apología de Satanás. Nada me disgusta ni me repugna más que las extravagancias burdas, idiotas y perversas del satanismo medieval romántico. Detesto con toda el alma aquellos delirios de súcubos, obsesos y gentes de baja estofa.

Este libro quiere ser únicamente una investigación más atenta, leal y serena del origen, del alma, de la suerte y de la esencia del Diablo, equidistante por igual de las complacencias del ocultismo y de los escrúpulos del pietismo. Quiere hacer conocer al adversario en su verdad, porque la verdad es preparación para su redención y la nuestra.

Hasta hoy Satanás fue odiado, insultado y maldecido o bien imitado, alabado y adorado. Este libro, en cambio, se propone una finalidad completamente distinta y nueva: la de hacer que sea comprendido cristianamente por los cristianos.

2
LA TRAGEDIA CRISTIANA

Hay una tragedia que tuvo principio en el comienzo de los tiempos y que no ha llegado aún a su desenlace. Una tragedia misteriosa y despiadada de la cual muy pocos, aun entre los cristianos, son los espectadores.

Tres son sus únicos teatros: el Empíreo, la Tierra y el Abismo. Tres son sus solos protagonistas: Dios, Satanás y el Hombre. Y, como todas las tragedias, ésta consta de cinco actos:

Acto primero: Satanás se rebela contra el Creador.

Acto segundo: Satanás es confinado y sepultado en el Abismo.

Acto tercero: Satanás, para vengarse, seduce al hombre y se adueña de él.

Acto cuarto: El hombre Dios, con su encarnación, vence a Satanás y proporciona a los hombres las armas para vencerlo a su vez.

Acto quinto: En la consumación de los tiempos Satanás intenta su revancha y su desquite por medio del anticristo.

Nos encontramos ahora en el acto cuarto, tal vez en las últimas escenas. ¿Cuándo se iniciará el quinto? Ya se ven las señales. ¿Y cómo terminará este acto último? ¿Con una catástrofe o con una catarsis?

El hombre es el más débil y más efímero de los tres protagonistas. Y sin embargo, es precisamente él, el hombre, la meta suprema de esta pugna larguísima y de tantas alternativas entre el Creador y el destructor, entre el amor y el odio, entre la afirmación y la negación.

Satanás substrae al hombre de Dios; Cristo se lo arrebata a Satanás; pero Satanás busca por todos los medios reconquistarlo y casi está para conseguirlo. Hará una última tentativa y será vencido, vencido para siempre. ¿Vencido porque está encadenado *in eternum* en el abismo o vencido por la omnipotencia del amor que lo restituirá a su lugar en el cielo?

Nadie sobre la Tierra puede decirlo. Pero el hombre, el más inerme de los tres protagonistas, deberá decir su palabra, antes que la tragedia llegue a su fin.

3
EL DIABLO DUEÑO DE LOS HOMBRES

No quiero que se me acuse de exageración. Copio, pues, literalmente las palabras de uno de los más famosos teólogos católicos modernos, Mathias Joseph Scheeben, de su libro notabilísimo *Misterios del cristianismo*.

"Es doctrina de fe —escribe Scheeben— que la humanidad por el pecado de Adán se hizo *prisionera y esclava* del Demonio. Como fue, en su totalidad vencida por el Diablo —o sobre todo en su jefe Adán— siguiendo las sugestiones del Demonio, fue arrancada de su unión con Dios: ahora está sujeta a él, *le pertenece* y forma el reino de él sobre la Tierra. Y está tan estrechamente ligada a él que por sí misma no puede en modo alguno recuperar la perdida libertad de los hijos de Dios, ni volver a tener aquella perfección sublime que tuvo en un principio. Prescindiendo de la redención del Hombre Dios su condena es absoluta y total…"[1]

Scheeben remite, para confirmar sus afirmaciones a varios pasajes del Nuevo Testamento, los cuales no dejan duda acerca de nuestra terrible condición de prisioneros y esclavos del Diablo.[2]

A los espíritus sencillos ha de parecer inaudito que un Padre, un Padre amoroso y misericordioso, entregue a la potestad de su peor enemigo a aquellos que, sin embargo, fueron por Él creados y destinados a la salvación. Es asombroso ya que el pecado personal de un padre y de una madre, por muy grande que sea, deba ser purgado, colectivamente, por toda su posteridad, por generaciones y generaciones, durante mi-

---

[1] M. J. Scheeben, *I Misteri del Cristianesimo*. Brescia. Morcelliana 1949, página 231.
[2] Mateo, IV, 3-10; Lucas, IV, 3-12; Juan, VIII, 44; XII, 31; XIV, 30; XVI, 11; *Apoc.* II, 13; XII, 13; XIX, 20; I Pedro, V. 8.

llares de años. Pero aún nos escandaliza más el pensamiento de que el rebelde, el adversario, el maligno, en vez de ser confinado en el abismo, haya recibido como una propiedad absoluta suya, como siervos y rehenes, a todos los hijos de aquel hombre que por su culpa e instigación cayó tan míseramente.

Pero los textos sagrados y las instrucciones de la dogmática no permiten tergiversaciones. Los asombros de la gente sencilla no significan nada frente a los misterios de los inexcrutables decretos divinos, M. J. Scheeben lo dice bien explícitamente: "Es doctrina de fe que la humanidad... es prisionera y esclava del Demonio". Todo católico, sujeto a la Iglesia docente debe creer que los hombres son prisioneros y esclavos del Diablo y que la tierra es el reino de Satanás. *Durus est hic sermo* (dura es la palabra), pero no hay escape posible: quien no crea firmemente ser súbdito y siervo del Demonio no puede llamarse católico.

Porque esta nuestra condición de prisioneros y esclavos no ha sido en realidad abolida por la redención. Antes de la venida de Cristo todos los hombres eran, necesariamente, prisioneros y esclavos del Demonio. Después de la venida del Hombre Dios fueron redimidos, rescatados, liberados únicamente aquellos que se unieron íntimamente a Cristo, los que se hicieron por la fe y las obras un todo con Él. Pero los cristianos son aún, sobre la tierra, una minoría y entre los mismos que se dicen cristianos, ¿cuántos son, en realidad, los que son cristianos solamente de nombre o por cualquier acto externo? Todo cristiano, gracias al agua del bautismo, declara que "renuncia a Satanás y a sus pompas" y es virtualmente lavado de la mancha del pecado original. Pero la mayor parte de los bautizados, llegados a la edad adulta, no mantienen la fe en la promesa hecha en su nombre por el padrino en el bautizo y cede de una manera o de otra a las lisonjas y tentaciones de Satanás. Poquísimos, rarísimos, aun entre los cristianos son los que consiguen guardar intacta la virtud del lavado bautismal. Poquísimos, rarísimos, son los que alcanzan a identificarse con el Salvador, a unirse a Él en los dolores de su pasión y en el fuego de su caridad y llegar por esto a ser librados realmente del vasallaje del Diablo.

De esto sacamos la consecuencia de que aún hoy la casi totalidad del género humano —todos aquellos que no aceptan a Cristo, más la mayor parte de los sedicentes cristianos— es esclava y prisionera de Satanás. El mismo Scheeben no lo ignora: "ahora está sujeta a él, le pertenece".

El espectáculo de la vida humana, aun después de la redención, confirma —y de un modo espantoso— esta tremenda verdad de la teología católica. Lo sabía San Agustín cuando afirmaba que el mundo *positus in Maligno* (entregado al maligno). Y lo confirma más y más lo que hoy sucede sobre la tierra, donde ya han aparecido los heraldos y estafetas del anticristo.

Pero si esto es verdad —como ciertamente es así— ¿por qué empero los esclavos y los prisioneros del Diablo se cuidan tan poco de conocer y de estudiar la naturaleza y la persona de su dueño y carcelero? Nos parece que semejante estudio, sobre todo para los cristianos, sería esencial, indeclinable y además, de primera necesidad. Para los que no han olvidado aún que poseen un alma, cuenta antes que nada el amor de Dios. Pero, inmediatamente después, es necesario el conocimiento de aquel que, por voluntad de Dios, nos posee y nos domina: el Diablo.

4

DIABOLOGÍA Y DEMONOLOGÍA

En su *Carta a los teólogos* el papa Celestino VI —al cual sólo puede hacérsele el reproche de que no ha existido nunca— exhortaba a los cultores de la ciencia de Dios a una renovación de la dogmática. No ya para abolir o cambiar los dogmas, pues que esto habría sido obra diabólica, sino para examinarlos a fondo en el espíritu de la revelación y de la tradición, para darles forma y demostrarlos en términos nuevos, más apropiados a las mentes modernas que no pueden ni quieren aceptar los textos esquemáticos de la escolástica medieval.

Este librito quisiera, al menos desde un solo punto de vista de la teología, corresponder al deseo del santo pontífice Celestino.

La caída de los ángeles rebeldes y el influjo de Satanás en la vida humana, no pueden ser propiamente llamados dogmas, sino verdades de fe en conexión con el dogma del pecado original. Y, como el Diablo tiene, según los mismos teólogos, bastante más parte en las cosas del mundo y del espíritu humano de lo que vulgarmente se cree, no debiera parecer incongruente y desatinado el intento de crear, al lado de la teología, una diabología. En las obras de dogmática —y especialmente de los padres de la Iglesia.y de los grandes doctores de la escolástica— se argumenta también sobre el Diablo y sobre su guerra al hombre, y no se podrá ciertamente pretender que la ciencia de Dios comprenda también, bajo el mismo título, la ciencia del Diablo. En cambio, como hemos dicho ya, se hace cada vez más necesario un estudio más minucioso y convincente del gran enemigo, nuestro dueño, porque los efectos de su poder sobre la existencia de los individuos y de los pueblos son de día en día más manifiestos.

Existen, es verdad, volúmenes que llevan como título *Demonología*, pero, cuando se abren, uno se da cuenta de que estos libros se ocupan con exceso más de los servidores infernales y terrestres del Diablo que de él mismo. Estos tratados fueron compuestos, en principio, para uso de los jueces, eclesiásticos y laicos, encargados de los procesos de brujería y por eso, en vez de indagar la esencia, la naturaleza y la caída de Satanás, están dedicados en gran parte a contar las artes de los magos y de los encantadores y más que nada las costumbres y los crímenes de las brujas, de las hechiceras, magas y otros genios de esta índole. En ellos se habla ampliamente de evocaciones, de sortilegios, de íncubos y de súcubos, de aquelarres y de misa negra, de posesiones diabólicas y de pactos con el demonio, de los diablos y de sus fámulos. Pero la figura presente y tremenda de Lucifer —en la cual tiene su origen todo este conciliábulo o conventículo de misterios y torpezas— aparece sólo en el trasfondo, como uno de aquellos soberanos de Oriente que raramente se muestran y que reinan sólo por medio de sus servidores y ministros.

La demonología, por esto, atrae con ese montón de documentos y de anécdotas a los gustadores de la psicología humana y sobre todo a los diletantes de lo terrorífico pintoresco, pero poco o nada se dice en torno al problema de los orígenes y de la suerte de Satanás.

La diabología, en cambio, deja intencionadamente a un lado toda la curiosidad novelesca acerca de las artes mágicas y las obsesiones satánicas, para dirigir su atención al terrible protagonista que Dios hizo precipitar del cielo a la Tierra. La diabología pretende escrutar en qué consiste el alma y la culpa de Satanás, cuáles fueron las causas de su caída, cuáles sus relaciones con el Creador y con el Hombre Dios, cuáles han sido sus encarnaciones y sus operaciones, lo que puede comprenderse por su potencia actual y por su suerte futura. La diabología se distingue de la demonología en que, en el drama pavoroso que es la vida del hombre, trata de conocer a fondo a uno de los actores del drama y no ya las gestas de sus comparsas subalternos.

Debo advertir que este pequeño libro no pretende ser precisamente un verdadero tratado de diabología, sino únicamente un primer esbozo, forzosamente lleno de lagunas e imperfecto. Como ya dice el subtítulo se trata de una compilación de notas y apuntes para una futura *Summa Diabológica,* que, un siglo u otro, algún nuevo Santo Tomás deberá componer.

II
ORIGEN Y NATURALEZA
DEL DIABLO

5

EL DIABLO INTERIOR

Es bastante común, excesivamente común —entre los modernos refutadores de la "hipótesis-Dios"— la idea de que el Diablo existe solamente dentro del alma humana. No pueden éstos negar el conflicto entre lo que distingue al bien y lo que distingue al mal, pero se avergonzarían de creer a uno y otro personificados en seres que estuvieran por encima o fuera de nosotros. Se acomodan por amor a la claridad a llamar a esos dos antagonistas con los viejos nombres de la "mitología popular", pero con la premisa y la conclusión de que se trata de dos facciones adversas en el interior del hombre.

Una de las más explícitas afirmaciones de tal teoría la he encontrado en una carta juvenil de Paul Valéry al amigo Pierre Louys, fechada el 21 de diciembre de 1896: "En dos palabras, yo creo —he aquí toda mi metafísica y toda mi moral— que *Dios* existe y el *Diablo* también, pero en nosotros. El culto que nosotros debemos a estas divinidades latentes no es otra cosa que el *respeto* que nosotros nos debemos a nosotros mismos y yo los entiendo así: la busca de lo *mejor* para nuestro espíritu en el sentido de sus aptitudes naturales. He aquí mi fórmula: Dios es nuestro ideal particular; Satán, todo lo que tiende en nosotros a desviarnos de ese ideal".[1]

El joven Valéry no había leído probablemente las obras de Feuerbach, pero no es difícil reconocer la tinta hegeliana de esta teoría ingenua. Como Hegel había reabsorbido todo el ser en la idea —esto es, en definitiva, en el espíritu humano que la reconoce en cuanto es su última y máxima encarnación—, así Feuerbach había reabsorbido toda la teología en la psicología: Dios sería la proyección de los deseos, de

---

[1] Paul Valéry, *Lettres à quelques-uns*. París, Gallimard, 1952, página 29.

los anhelos, de los pensamientos de los hombres. Y lo mismo puede decirse, como es natural, del Diablo.

En Valéry hay una tentativa muy débil de determinar el significado de los dos principios opuestos. Pero la palabra "mejor", usada por el joven poeta, no tiene sentido si no se refiere a un modelo superior que imitara a una escala de valores que alcanzar. El ingenuo Valéry define a Dios como un "ideal particular", o sea individual, es decir privado de todo carácter fijo y universal. La busca de este "mejor" de este "ideal" se entiende implícita en el sentido de las "aptitudes naturales" y, aquí, la confusión mental del futuro cartesiano es, por demás, escandalosa. Desarrollar en sí las aptitudes naturales significa acrecentar la propia naturaleza, cualquiera que ésta sea, mientras el fin de las religiones, y sobre todo del cristianismo, es el de reformar, enmendar, corregir, transformar la naturaleza humana en el sentido de una ley superior divina.

Según la teoría de Paul Valéry, un hombre que tuviese en grado sumo la "aptitud natural" de quitar la vida a los demás —cosa que desgraciadamente no falta— debería, por obediencia a esa regla, desarrollar hasta lo "mejor" su vocación de homicida.

Su "ideal particular" no podría ser otro que el hallazgo de los mejores medios para quitar la vida al mayor número de personas y como todo lo que estorbase alcanzar este ideal particular no podría ser otra cosa que Satanás, se llegaría a la conclusión de que las tentaciones de no asesinar —la piedad, los escrúpulos, el remordimiento— que surgieran en el ánimo de nuestro homicida, serían ni más ni menos que las tentaciones malignas del Diablo.

Pongamos un ejemplo más sencillo y más común. Un artista que tenga el arte como pasión dominante deberá considerar como obstáculos satánicos todos aquellos afectos y obligaciones que lo distraigan de su "natural aptitud", por ejemplo, el amor filial, los deberes de padre, de amigo, de ciudadano.

El Diablo tendría que desempeñar, en estos casos muy verosímiles, el papel de consejero de lo que todas las morales juzgan "bueno", servir de freno de lo que universalmente se reputa como "malo". En suma, veríase al Diablo haciendo los menesteres que se le atribuyen a Dios. A corolarios tan absurdos y extravagantes como éste nos conduciría el teorema ingenuosísimo de Valéry.

Hasta los cristianos sienten y experimentan que el alma humana es el campo de la batalla cotidiana entre Dios y Satanás, pero creen y saben que estos dos seres —el Emperador del universo y el príncipe de este mundo— no se pueden reducir a elementos puramente humanos. Hallan en nosotros aliados y cómplices, para facilitar su irrupción en cualquier alma que es a la vez morada de la divinidad y blanco del maligno. Cualquiera que esté un poco habituado a la introspección espiritual oye dentro de sí "voces" que no son las suyas, percibe instigaciones y urgencias que un momento antes le eran desconocidas, imprevisibles e increíbles.

En los últimos años de la vida Paul Valéry comenzó a escribir un Fausto —*Mon Faust*— que no pudo llevar a término, pero en el cual hace hablar a Mefistófeles y a sus cofrades demoníacos en tales términos que nos hacen pensar que son personalidades muy distintas del hombre. Tal vez a esto le obligaban la razón poética y la tradición goethiana, pero el caso es que de viejo venía a reconocer la frágil superficialidad de su teología juvenil.

Un poeta francés, amigo mío, me ha dicho que la viuda de Valéry le había hecho leer las últimas páginas del diario intelectual del poeta racionalista. Las últimas líneas decían: "Es necesario confesar que Jesús ha sido el primero en concebir a Dios como amor". La muerte le impidió continuar.

6
¿SATANÁS CREADOR DE SÍ MISMO?

En una de las obras no muy conocida del famoso poeta cristiano, español, Aurelio Clemente Prudencio —el cual vivió entre los siglos IV y V de nuestra era— encontramos una teoría muy extraña de la inaudita presunción de Satanás.

En el poemita *Hamartigenia,*[2] dedicado al problema del origen del mal, Prudencio afirma, —y es que yo sepa el primero— que el Diablo trató de hacer creer a los otros ángeles que "él era el autor y creador de sí mismo, y que no debía por eso a Dios su existencia". Añadía —siempre según Prudencio— que más bien se vanagloriaba de haber creado la materia tomándola de su propio cuerpo. Esta opinión fue reproducida en el siglo XI por Ruperto de Deuzt,[3] en su tratado *De victoria Verbi Dei,* pero solamente en la primera parte, o sea, en la que Satanás dice ser el creador de sí mismo.

Empero del texto de Prudencio se saca claramente que Lucifer no creía realmente en sus jactancias: no era tan ofuscado ni tan insensato para no saber que él era, como todos sus hermanos, una criatura que el Creador había hecho de la nada.

Tan absurdas afirmaciones no eran —si de veras fueron hechas por él como creía el poeta Prudencio— sino impúdicas mentiras para aumentar el número de sus partidarios y para justificar a sus ojos la ingratitud y la rebelión contra Dios. En este caso el Diablo no habría mostrado la habilidad que la tradición le atribuye. Habría hecho un juicio excesivo de la estupidez y credulidad de sus compañeros. ¿Sería posible que los ángeles dotados de tanto poder espiritual pudieran

---

[2] Migne. *Patrología latina,* LIX. 1007-1078.
[3] Migne. *Op. cit.* CLXIX. 1215-1502.

creer las fábulas orgullosas de Lucifer? ¿No sabían también ellos, con toda certeza, que él había sido como todos, creado por Dios?

Si le siguieron muchos ángeles no fue, ciertamente, porque se dejaran persuadir por aquellas sus jactancias, las cuales, probablemente, fueron hijas de la ibérica fantasía del antiguo rector Prudencio.

Únicamente los gnósticos; que en el Demiurgo del Antiguo Testamento veían una potencia maligna y demoníaca, habrían podido creer que Satanás fuese el creador de la materia.

7
¿EL DIABLO ES HIJO DEL HOMBRE?

En uno de sus cuentos Máximo Gorki hace hablar al viejo Stefan
Ilich en estos términos:

"El Diablo no existe. El Diablo es una invención de nuestra razón maligna. Lo han inventado los hombres para justificar sus torpezas y también en interés de Dios para no agraviarle. No existe más que
Dios y el hombre y nadie más. Todo lo que se parece al Diablo —por
ejemplo Caín, Judas, el zar Iván el Terrible— es siempre invención de
los hombres y es inventado para endosar a una sola persona los pecados y malas acciones de la humanidad. Créeme. Nosotros, que somos
unos trapaceros, teníamos la necesidad de simular e imaginar algo que
fuese peor que nosotros, como el Diablo".

Esta opinión no es nueva, pero sí escandalosamente simplicísima.
Si no existe más que Dios y el hombre, y el hombre es corrompido y
perverso, necesariamente habrá que concluir que Dios hizo al hombre
malo, que Dios es el responsable, primero y directo, de los pecados de
los hombres. Quien niegue e ignore el pecado original está obligado a
hacer de Dios un sinónimo de Satanás.

8
UN REY TRANSFORMADO EN LUCIFER

En el libro del profeta Isaías (XIV, 12-15) se leen estos bellísimos versos:

> ¡Cómo caíste de los cielos,
> oh, Lucero, hijo de la aurora!
> ¡Y has sido derribado por tierra
> tú que abatiste a las naciones!
> Y tú eras aquel que dijiste en tu corazón:
> ¡Yo subiré al cielo!
> ¡Sobre las estrellas de Dios
> ensalzaré mi trono!
> y me sentaré en el monte de la Asamblea
> en los lados del Norte,
> me remontaré sobre las alturas de las nubes:
> ¡seré semejante al Altísimo!
> En cambio fuiste precipitado del cielo
> en las profundidades del abismo.

Isaías no era solamente un gran profeta, sino también un gran poeta y estos versos, de gran fuerza sarcástica, son bellísimos. Pero ¿cuál es el orgulloso caído y burlado al que se dirige tan terrible vaticinio? De los versos que preceden al pasaje citado —donde se cuenta que los reyes reciben a un gran rey que desciende del reino de los muertos— y de aquellos que siguen. "¿Es éste el varón que hacía temblar la tierra y sacudió a los reinos?"—, se desprende que se trata de un monarca poderoso: el último rey de Babilonia. Isaías pensaba tal vez en uno de los reyes babilonios contemporáneos suyos —quizá en Sargón—: pero él quería anunciar el fin de aquel que sería el último rey de la nación proterva, enemiga del pueblo de Dios y la profecía podría referirse a Nabucodonosor o a Baltasar.

A despecho de tal evidencia, ciertos padres de la Iglesia —y no pocos ni menos famosos— quieren entender los citados versos en bien distinto sentido: "el astro matutino" —en la *Vulgata,* Lucifer— no podía ser más que el Diablo.

El primero en proponer esta interpretación fue Orígenes (*De Principiis,* 1, 5, 5; 4, 22. *Homilías sobre el libro de los números,* XII; 4), el cual afirma que Lucifer, siendo espíritu celeste, había caído en el abismo por haber querido parecerse a Dios. Tertuliano, San Çipriano, San Ambrosio y otros menos ilustres aceptaron la opinión de Orígenes y de ese modo Satanás —el acusador— fue denominado después también Lucifer, el precursor de la luz, el esplendente.

Otros padres —como San Jerónimo, Cirilo de Alejandría y Eusebio— vieron en el vaticinio de Isaías el fin del último rey de Babilonia, pero reconocían también una clara alusión a la caída de Satanás. Y la mayor parte de los exégetas modernos se esfuerza en justificar esta antigua interpretación, si bien reconocen que es un tanto "acomodaticia".

El hecho es que el texto de Isaías se ha considerado el más antiguo testimonio de la caída del arcángel del esplendor del firmamento a las tinieblas del abismo. Un rey babilonio, pues, no determinado aún, es el origen de nuestra figuración del Diablo. Lucifer sería un hombre transformado en ángel por la fantasía de unos comentaristas ingeniosos.

Pero ¿se trata únicamente de una fantasía? Las palabras de los profetas cuando están realmente inspiradas por Dios, pueden tener más de un sentido, sin que el uno anule a los otros. Isaías podía creer que su vaticinio se refería a un hombre futuro y Dios pudo hacerlo hablar de forma que se asemejase a la suerte pasada de un ángel. Los capítulos de Isaías (XIII-XIV) donde aparecen aquellos versos tienen como tema fundamental la guerra entre el bien y el mal y, por eso, no es enteramente imposible que en ellos se haya simbolizado también el principio del mal. Tanto más cuanto que los reyes de Babilonia —como los otros reyes del antiguo Oriente— se creían o se hacían creer de estirpe divina, venidos del cielo para reinar despóticamente sobre la tierra.

Eran, pues, en cierto sentido, por la duplicidad de sus pretensiones, semejantes a Satanás, "diabólicos". En fin, uno de ellos podía muy bien reclamar una soberbia y una caída como la del príncipe que avasallaba y aún avasalla a las naciones.

9

LA TRINIDAD DIABÓLICA

Como el Diablo quiere imitar en todo a su Hacedor, no ha de maravillarnos que sean reconocibles en él tres personas, unidas, pero distintas a semejanza de las de la Trinidad.

Está primero el rebelde, la criatura que quiere suplantar al Creador, o sea el Padre.

Después está el tentador, el cual invita al hombre a la imitación de Dios, como hará un día el Hijo.

Y, finalmente, está el colaborador que, con el divino consentimiento, atormenta a los hombres sobre la tierra y en el infierno y que por eso es la antítesis de la Tercera Persona, del Paracleto, del Consolador o Espíritu Santo.

Estas tres personas coexisten en el Diablo, porque una es su naturaleza y él es también a la vez rebelde, tentador y colaborador.

Y estas tres personas son el reverso, como es natural, de las divinas: El Padre crea y Satanás destruye; el Hijo redime y Satanás esclaviza; el Espíritu Santo ilumina y consuela mientras que Satanás entenebrece y tortura.

10
EL DIABLO POR DOQUIER

Ubique daemon, escribe Salviano, discípulo de San Agustín. El Diablo, pues, está en todas partes.

Si tal afirmación es verdadera, nosotros nos encontramos un poco turbados y perplejos ante otra semejanza entre Satanás y Dios. ¿No nos enseña el catecismo católico que Dios está en todas partes? "Dios está en el cielo, en la tierra y en todos los lugares", dice el *Cathechismus Catholicus* del cardenal Pedro Gasparri.[4]

En la Edad Media se creía firmemente que el Diablo estaba, como el mismo Dios, en todas partes. ¿Quién no recuerda un pasaje del "satánico" Carducci? "¿Aquella pobrecita monja desea una cesta de escalora?: en aquella cesta está Satanás. ¿Aquel frailecito se complace en oír al pajarillo que canta en su celda solitaria?: en aquel canto está Satanás".[5] Hasta Manzoni que por su formación iluminista tenía muy poca familiaridad con el mundo satánico, confiesa por boca del innominado que cada hombre hospeda a su demonio. "Y por esto cada uno de éstos tendrá su diablo que lo atormente. Pero ninguno, ninguno de ellos tendrá uno como el mío".[6]

Esta omnipresencia de Satanás —que lo hacía tan semejante al Creador— debía inspirar a los cristianos un perpetuo terror. Si el Diablo, como pensaba Salviano y toda la Edad Media con él, está en todas partes oculto y presente ¿qué puede salvar a los hombres de su contacto, de su contagio, de su aliento envenenador? Hasta en las miniaturas del libro de rezos puede estar oculto Satanás, hasta en las imá-

---

[4] Pedro Gasparri, *Cathechismus Catholicus* Roma, Tipografía Poliglota Vaticana. 1930. página 25.

[5] Carduci, *Obras* IV. 91.

[6] Manzoni, *I promessi sposi*, capítulo XXII.

genes pintadas en los altares, hasta en el mismo cíngulo que ciñe el sayal del asceta.

Y como Dios, por razones más obvias que las de Satanás, está en todas partes, ¿no es de pensar que el uno y el otro se encuentran al lado siempre en el mismo sujeto, en la misma alma del hombre?

Cada uno de nosotros, pues, tendría dos huéspedes invisibles: el eterno amor y el odio eterno y cada corazón sería un campo de batalla entre estos dos antagonistas. Pero semejante promiscuidad de opuestos en todas partes del universo ¿es presumible y posible?

III
LA REBELIÓN DE
SATANÁS

11
LUCIFER SE REBELÓ PORQUE
ESTABA CELOSO DEL HOMBRE

Todos piensan ahora que Lucifer "contra su Hacedor, frunció las cejas", para decirlo con Dante, movido por su insolente soberbia. Pero los primeros padres de la Iglesia, los primeros teólogos, no creen solamente en el orgullo. Según muchos de ellos la causa de la caída del arcángel fueron los celos, los celos del hombre.

San Justino (*Diálogo con Trifón,* 124, 3), afirma en efecto que Satanás se hizo malvado solamente cuando incitó a Eva a la desobediencia. Y la misma opinión se encuentra en San Irineo, que es el primero en denunciar el verdadero móvil de la insidia demoníaca contra la primera pareja: "El Diablo, el cual, como enseña San Pablo en la *Epístola a los efesios* (II, 2), era uno de los ángeles prebostes del aire, se hizo apóstata y se rebeló a la ley divina cuando fue celoso del hombre...,"[1] Idéntica es la afirmación de Tertuliano *(De Patientia, V):* "El Diablo se dejó dominar por la impaciencia cuando vio que el Señor había sujetado a su imagen —o sea al hombre— a todos los seres creados. Si él hubiese soportado eso no habría sentido dolor y si no hubiese sentido dolor no habría experimentado celos del hombre. Tan es así que engaña al hombre porque estaba de él celoso".

También San Cipriano (*De los celos y de la envidia,* IV) acepta la misma teoría. El texto más completo es el de San Gregorio de Nyssa en su famoso *Discurso catequístico.* Dada la autoridad de este padre de la Iglesia de Oriente, vale la pena citarle, entero:

"El mundo inteligible existía ya antes que el otro y cada una de las potencias angélicas había recibido de la autoridad que dirige todas las cosas su parte propia en el gobierno del universo, y a una de

---

[1] San Irineo. *Adversus haereses,* V. 24, 4.

estas potencias se le había dado el encargo de mantener y gobernar la esfera terrestre. Luego se formó de la tierra una figura que reproducía la potencia suprema, y este ser era el hombre. En él estaba la belleza divina de la naturaleza inteligible mezclada a una fuerza secreta. Y he aquí por qué aquel al cual había sido confiado el gobierno de la tierra encontró extraño e intolerable que de la naturaleza que de él dependía, saliese y se manifestase una substancia hecha a imagen de la dignidad suprema".[2]

Únicamente con Orígenes reaparece y se afirma la teoría hoy dominante, la del orgullo, y la idea de los celos o envidia —bien que un tanto distinta— reaparecerá solamente en el siglo XVI con Catarino y Suárez. Pero valía la pena recordar que en los primeros siglos de la Iglesia no pocos escritores cristianos —todos santos y ortodoxos, menos Tertuliano— habían hallado en los celos la verdadera causa de la rebelión de Lucifer.

Los celos y la envidia son, indudablemente, sentimientos bajos e innobles, indignos de una criatura angélica. En Lucifer debieron ser tan candentes y poderosos que lo indujeron a la rebelión abierta contra el Creador. Ha de observarse, sin embargo, que los celos de Lucifer hacia el hombre son menos desatinados y sobre todo menos sacrílegos que la envidia, hoy admitida, hacia Dios. Adán, aunque dotado de gracias altísimas —y bastaría su semejanza con el Padre— era solamente una criatura, es decir, un ser que podía considerarse, bajo ese aspecto, a la misma altura de los ángeles. Proponerse ser independiente de Dios, de contraoponerse a Dios era una locura absurda, una prueba de demencia increíble, mientras que los celos hacia otra criatura puede considerarse pecaminosos, pero más naturales y verosímiles. La distancia entre Dios y sus hijos es inconmensurable e inalcanzable, mientras que la diferencia entre los ángeles y los hombres consiste solamente en el grado de las diversas perfecciones.

Los celos condujeron a Satanás a la rebelión —y esta última es el pecado inexcusable—, pero el primer móvil de esta rebelión tal como lo imaginan los primeros padres de la Iglesia, es bastante menos grave que el que hoy nos enseña nuestra dogmática.

---

[2] San Gregorio de Nyssa, *Discurso Catechetico.* VI, 5.

12
¿QUERÍA EL DIABLO SER CRISTO?

¿Fue realmente la soberbia la causa única de la caída de Satanás? Durante muchos siglos, desde Orígenes en adelante, fue aceptada esta opinión, si bien con distintas variantes de forma, por los teólogos cristianos. Pero en el año quinientos surge una nueva teoría que no consigue triunfar —a pesar de la autoridad de sus primeros defensores— y que merece ser conocida hoy por su audacia y singularidad.

Según esta teoría la culpa de Satanás no fue justamente el orgullo, la pretensión de igualarse a Dios, sino el dolor de no haber sido designado por el Padre como instrumento de la encarnación del Verbo, o sea como futuro Cristo. Según algunos teólogos, Dios había revelado a los ángeles, ya desde los primeros tiempos de su existencia, el designio de manifestar su gloria y su amor hacia los hombres, enviando al Hijo a la tierra. Pero reveló al mismo tiempo que esta manifestación visible y tangible, se realizaría merced a la unión hipostática del Verbo con una criatura humana nacida del seno de una mujer.

Lucifer que, no sin razón, estimaba ser la criatura más alta y perfecta, se dolió y se encolerizó ante el anuncio de la elección que vendría a magnificar al hombre, tan inferior a él. Del dolor pasó al resentimiento; del resentimiento, al odio, y del odio nació la idea de la rebelión. Hubo, pues, en la rebelión de Satanás un elemento de orgullo, el sentido de una ofensa a su dignidad excelsa; pero el verdadero principio de la caída fue el deseo de poderse unir a la esencia divina, al Verbo, no para substituirle, como han pensado algunos, sino para aportar, mediante aquella admirable unión, un beneficio a la humanidad. Él había querido ser el Cristo, es decir, el Salvador, pero no Dios mismo, sino la criatura en la que el Hijo habría de mostrarse a los hombres. No quería ser Dios, sino *unido a Dios* en aquel misterio de amor que nosotros conocemos por la encarnación. De donde se

41

desprende que Satanás fue precipitado del cielo no solamente por su protervia, sino más bien por su amor a Dios y a los hombres, es decir, por el disgusto de no haber sido elegido para unirse hipostáticamente al Verbo en la obra redentora.

Esta teoría, como vemos, presenta a Satanás muy distinto al acostumbrado: él no aspira a ser Dios; sino a unirse más íntimamente, y sólo por breve tiempo, a Dios; no se contrapone a los designios de Dios, sino que quiere participar en ellos; ni está inspirado por el odio, sino por un espíritu de caridad.

La teoría aparecerá absurda a aquellos que conocen solamente la doctrina hoy dominante en torno de la redención. La encarnación, según la dogmática ortodoxa, presupone el pecado original, la caída de Adán y esta caída es posterior a la caída de Satanás, que fue precisamente la causa primera de la desobediencia de nuestros primeros padres. ¿Cómo habría podido Satanás antes de la rebelión, hacerse tentador o imaginar que Adán habría caído también si no era inducido a la tentación?

Esta dificultad desaparece cuando se sepa que los primeros factores de la nueva teoría aceptaron, como premisas necesarias, las ideas de Ruperto —espléndidamente desarrolladas por Duns Scoto— en torno a la redención. Scoto, como sabemos, quiso demostrar que la encarnación habría advenido, aun cuando Adán no hubiese pecado. Si fuese debida solamente al pecado del hombre, habría sido "ocasional" y por eso mismo indigna del divino amor infinito, mientras que en el otro caso habría tenido por verdadera finalidad la glorificación del Verbo en beneficio del género humano. La encarnación, en cambio, fue pensada y deseada por Dios *ab aeterno* y pudo ser comunicada a las criaturas angélicas muchísimo antes que el hombre, no creado aún, se manchase por el pecado. Admitida la idea de Scoto —a la que no falta una poderosa y hasta sublime profundidad— se hace posible y aun admisible también la teoría que convierte a Satanás, más que en un rebelde, en un enamorado desilusionado y celoso por no haber sido elegido por Dios, a pesar de su alta perfección para ser la segunda naturaleza de Cristo.

La dificultad, empero, es otra. La encarnación implica una manifestación corpórea y Lucifer, como ángel, no era corpóreo. La encarnación —tal y como ha advenido— debía terminar con la pasión, o sea, con la muerte del Mesías, y Lucifer, como espíritu puro, no habría podido ser muerto.

Pero esta dificultad no parecía insuperable a los valientes fundadores de la teoría de Satanás como aspirante a la misión del futuro Cristo. Sin embargo, no habrían de ser los únicos defensores de esa teoría y no les faltaba seriedad en sus estudios ni agudeza de ingenio. Otro al cual deslumbró tan singularísima interpretación de la caída de Satán fue un italiano sienés, Lancillotto Politi (1483-1553), quien en 1535 se hizo dominico y cambió su primer nombre con el de Ambrosio Catarino. Este fraile gozó de plena confianza de los pontífices de su tiempo: León X lo nombró abogado consistorial y Julio III, que había sido su discípulo, lo eligió arzobispo de Ponza y lo habría hecho cardenal si Catarino no hubiese muerto repentinamente. Su reputación de virtuoso y teólogo ortodoxo era tan grande que en 1545 fue enviado por el Papa al concilio de Trento. No tenía simpatía alguna por los heréticos, más bien combatió con varios escritos los errores de Lutero y de Bernardino Ochino. La primera forma de la teoría acerca de la caída del Diablo se encuentra en su tratado *De gloria bonorum et lapsu malorum* (Lion, 1552). De esta obrita de Catarino la tomó probablemente el más original y famoso teólogo de la Compañía de Jesús, Francisco Suárez (1548-1617), el cual la desarrolló ampliamente con nuevos y más recios argumentos en el tratado *De Angelis* (edición póstuma de 1620). Suárez, a pesar de la audacia de algunos pensamientos suyos y como teólogo nada sospechoso, enseñó desde 1574 a 1613 en las escuelas más famosas: Segovia, Valladolid, Roma, Alcalá, Salamanca y Coimbra. El papa Paulo V, en 1607 lo llamó en un breve *doctor eximius et Pius.*

Suárez mostróse insatisfecho, en *De Angelis,* de todas las teorías escolásticas que atribuían la caída de Satanás al orgullo y criticó sutil y severamente hasta la opinión de Santo Tomás. La idea de que Lucifer hubiera verdaderamente pensado en hacerse igual a Dios parecía a Suárez inverosímil y absurda, a menos que el ángel hubiese perdido hasta la sombra de la inteligencia y de la razón. Y por eso, Suárez eligió la hipótesis de Catarino y, por consecuencia lógica, la teoría de Duns Scoto sobre la redención.

La Iglesia no ha hecho suya ni una ni otra, pero no ha olvidado que dos grandes teólogos, insospechados e insospechables, el dominico Catarino y el jesuita Suárez han creído y sostenido que el verdadero móvil de la rebelión de Satanás no fue la soberbia, sino el deseo —en sí mismo no pecaminoso— de obtener la unión hipostática con el Verbo, o sea con Cristo.

¿CAYÓ LUCIFER POR IMPACIENCIA?

En *La divina comedia,* que después de seis siglos de ediciones no ha sido todavía descifrada, encontramos una nueva opinión sobre la caída de Lucifer.

En el *Paraíso* (XIX, 46-48) se lee:

...el primer soberbio
que fue la suma de toda criatura,
por no esperar luz cayó acerbo.

Dante, aquí y en otro lugar, acepta dos opiniones comunes entre los teólogos católicos de todos los tiempos: que Satanás fue el más perfecto de los arcángeles y que su pecado fue la soberbia. A estas dos noticias archisabidas añade, empero, otra noticia de la cual no hay indicios en la escolástica medieval. Él, Satán, no quiere *esperar luz* y, por eso, *cae acerbo,* o sea antes de tiempo. *Lume,* en Dante, significa siempre en el sentido espiritual la gracia. Lucifer, pues, fue impaciente, no supo esperar la plenitud de la gracia y por eso cayó antes de tiempo, como un fruto que cae en agraz de la rama del árbol que lo sostiene.

Los comentaristas no han sabido encontrar hasta ahora la fuente de esta singular teoría dantesca y hemos de dar por descartado que no la encontrarán nunca, porque el mismo padre Mandonnet, que ha dedicado un volumen entero a *Dante, el teólogo* y se ha familiarizado como pocos con el pensamiento escolástico, no dice de esto una palabra.

¿Qué significa justamente la expresión "no esperar luz"? ¿Es posible que el ángel más perfecto tuviese necesidad de una sucesiva iluminación para comprender mejor la unidad y omnipotencia del Creador? ¿Es posible que Dios nos diese ya desde un principio a las criaturas angélicas toda aquella luz con la cual quería iluminarlas? Y en este caso, señalado ya por el poeta, ¿habría Dios hecho saber a los ángeles que solamente en un futuro, después de cierto tiempo, les concedería la luz que aún faltaba a su perfección? Y aun en el caso de que los ángeles no hubiesen sido advertidos de este suplemento de gracia que debían esperar con paciencia, ¿se puede acusar a Lucifer de no haber querido esperar y de caer, por esto, antes de tiempo? Podría pensarse también que Dante tuvo indicios o intuyó aquella hipótesis, según la cual, Lucifer había deseado ser llamado como colaborador en la futura redención de los hombres y, en este caso, la "mayor luz" puede muy bien significar una mayor gloria y dignidad que el Padre le podía haber concedido.

Son estas preguntas a las cuales únicamente los teólogos —en su convicción de ser capaces de penetrar los más ocultos misterios divinos— podrían responder. Pero hasta ahora no parece sino que no se han percatado del problema planteado por el divino poeta.

Los pecados de Lucifer, si la hipótesis de Dante fuese verdadera, serían dos: la soberbia y la impaciencia. Pero el último es el primero y más grave por cuanto ha suscitado el otro. Si Lucifer hubiese sabido esperar se habría apercibido de que su soberbia sería una locura.

PRIMERA CULPA DE SATANÁS

San Anselmo de Canterbury, en su tratado *De casu Diaboli,* atribuye la rebelión al deseo de tener una voluntad propia, independiente, esto es, libre.

He aquí el texto: "No sólo quiso ser igual a Dios, porque presumió tener voluntad propia, sino que quiso ser mayor aún, al desear lo que Dios no podía permitirle, puesto que puso su voluntad por encima de la voluntad de Dios (*De casu Diaboli,* c. 4).

Según el teólogo santo la culpa del arcángel rebelde fue doble: presumir tener voluntad propia y poner esta voluntad por encima de la divina. Considerando el segundo punto, la culpa monstruosa, casi inconcebible para la mente humana, es manifiesta. No así si consideramos el primero, a los ángeles, por lo que sabemos, fue concedida la libertad de querer y tal libertad presupone e implica, a más de necesidad, el derecho a un querer personal propio. Una libertad que consistiese solamente en querer lo que el superior quiere no sería ya libertad.

Los teólogos nos han repetido miles de veces que si Dios no hubiese dado a sus criaturas el don admirable de la libertad y las hubiese obligado a todas a pensar y a hacer solamente las cosas deseadas por Él, habría creado marionetas sin méritos ni dignidad alguna.

San Anselmo da una interpretación por demás satánica del libre albedrío cuando afirma que Lucifer por el solo hecho de tener voluntad propia, presumía hacerse igual a Dios. Muchos defensores de la libertad humana sostienen, en efecto, que en este don consiste nuestra semejanza con Dios y lo mismo puede decirse de los ángeles. Lucifer no hacía otra cosa que demostrar haber sido hecho a imagen y semejanza de Dios y no puede llamarse pecado conformarse a la propia naturaleza tal como la quiso quien la creó. Lucifer, en paz y en haz del autor del *Monologion,* puede pedir ser absuelto de aquella su primera culpa.

15
LA SOBERBIA DEL DIABLO

Se ha enseñado —por muchísimos padres y doctores, si no por todos— que el pecado de Satanás fue la soberbia y que la soberbia es entre los hombres el pecado diabólico por excelencia.

Pero ¿es precisamente el Diablo el único que puede tildarse de soberbio? Y el orgullo, ¿es realmente desconocido entre la gente que quiere ser cristiana?

Abramos la *Biblia* y leamos. En el Salmo LXXXII se encuentran estas palabras de Dios, dirigidas a los hombres: "Yo he dicho: *Vosotros sois dioses*. Sois todos hijos del Altísimo" (v. 6). Esta divina afirmación fue citada y reproducida a su vez por Cristo. Dirigiéndose a los fariseos, Él los apostrofa en estos términos: "¿No está escrito en vuestra ley: Vosotros sois dioses?... Ella llama dioses a aquellos a los cuales la palabra de Dios ha sido dada y la Escritura no puede ser anulada". (Juan, X, 34-35).

Tenemos, pues, un doble testimonio de que Dios considera y llama *dioses a algunos hombres*. Y esto, ¿no es acaso una invitación a la soberbia? ¿Y qué dijo la serpiente a nuestros primeros padres sino una palabra asaz parecida? "Seréis como dioses". Ella prometía, pues, lo que Dios está dispuesto a mantener. Y sin embargo, justamente por ese deseo de ser semejante a Dios. Adán fue degradado, expulsado y condenado.

Y cuando Cristo da a los elegidos el precepto de la imitación divina "Sed perfectos como perfecto es vuestro Padre: (Mateo, V. 18) ¿no afirma que el hombre, simple criatura, puede conquistar uno de los atributos esenciales de Dios, o sea la perfección? Hacerse perfecto igual que Dios ¿no es acaso hacerse casi dioses?

Finalmente, San Pablo recarga la dosis: "¿Acaso no sabéis que nosotros juzgaremos también a los ángeles?" (I, Corintios, VI, 3). Los hombres, segun, San Pablo, son superiores a los mismos ángeles, seres perfectísimos, porque solamente los superiores pueden juzgar a los inferiores.

En todos estos pasajes, el hombre —y nos referimos sólo a los cristianos— es engrandecido y exalta hasta el punto de ser colocado casi a la par de Dios. La doctrina cristiana de la "deificación" es, a mi juicio, profundamente sublime y verdadera, pero ¿es posible disociarla de todo lo que significa orgullo o soberbia?

Y cuando los cristianos piensan que Dios sigue paso a paso sus pensamientos y sus actos, que sufre por sus pecados y que envía a sus elegidos inspiraciones y visiones celestes ¿no incurren en algo semejante y muy próximo a la soberbia? Si la humildad, la convicción de la propia nulidad forma parte de las virtudes cristianas, ¿qué diríamos de esas criaturas humildísimas que se creen objeto de una atención y protección particulares del Padre?

La soberbia del cristiano no es ciertamente la de Satanás. El cristiano obedece e imita; el Diablo se rebela y quiere rivalizar. Pero hay algo de tan común que los extremos, como sabemos, se tocan. Cuando San Juan de la Cruz quiere anularse totalmente a sí mismo y hacer en sí el vacío, *la nada,* para que Dios pueda entrar en su alma y llenarla, tenemos al mismo tiempo el colmo de la humildad (el anonadamiento) y el colmo del orgullo, porque el santo, de esta manera, está seguro de poseer en sí a Dios, de unirse a su omnipotencia y omnisapiencia.

16
LA DERROTA DE SATANÁS

El único relato auténtico —porque está inspirado por Dios— de la batalla contra Satanás y de su caída, se encuentra en el último libro canónico aceptado por la Iglesia, o sea en el Apocalipsis (XII, 7-9). Vale la pena releerlo.

"Y hubo una batalla en el cielo: Miguel y sus ángeles combatieron con el dragón y el dragón y sus ángeles combatieron, pero no consiguieron obtener la victoria y en el cielo no hubo ya lugar para ellos. Y el dragón, la antigua serpiente, que tiene por nombre Diablo y Satanás, el seductor del mundo entero, fue precipitado sobre la tierra y con él fueron precipitados sus ángeles". Y más abajo añade que "el acusador de nuestros hermanos, que los acusaba día y noche ante Dios, ha sido precipitado".

La narración, a despecho de su simplicidad, no es tan clara como podría parecer a primera vista.

¿Por qué misterio —se podría preguntar— fue necesaria la fuerza de Miguel y de todos sus ángeles para dominar al Diablo? El Omnipotente con un sencillísimo acto de su voluntad habría podido precipitar al rebelde en un instante. ¿Por qué juzgó Él necesario un combate verdadero y real entre las dos legiones angélicas opuestas? O Dios sabía que de todos modos los espíritus fieles habrían vencido y confundido a los espíritus del mal —y por esto esa batalla no tiene al menos para nuestras inteligencias una clara justificación, o se trataba, por el contrario, de una batalla confiada, como la de los humanos, a la sola fuerza de los ejércitos contrapuestos, a la suerte de las armas. ¿Y qué habría ocurrido entonces, si los rebeldes hubiesen obtenido la victoria sobre las milicias fieles?

Pero hay más. Se ha oído siempre decir que Lucifer fue precipitado en el abismo, en las tinieblas, en el lugar que después fue llamado *infierno*. Pero el Apocalipsis, en cambio, afirma claramente que el dragón, o sea el Diablo, fue precipitado sobre la tierra con todos sus secuaces. Que los demonios están presentes en la tierra es, a todas luces, evidente. Pero, ¿es la tierra solamente su morada? ¿Es la tierra solamente lugar de exilio y la sede única de Satanás y de los suyos? ¿Es lícito, según el sagrado texto, identificar la tierra —ese mundo donde Satanás es príncipe— con el infierno?

El Apocalipsis para explicar la derrota de Lucifer, le atribuye dos pecados: ser "el seductor del mundo entero" y "el acusador de los hermanos ante Dios". En cuanto al primero todos están de acuerdo: Satanás encarna el mal y por lo tanto su seducción no puede ser más que una incitación al mal, un acrecentamiento de males.

Pero el segundo nos deja perplejos. Nosotros sabíamos por El libro de Job y también por otros pasajes de la Biblia, que Satanás recorría el mundo para observar la conducta de los hombres y referírselo luego a Dios. No habría podido realizar esta misión de relator y confidente sin el permiso y deseo de Dios, puesto que Dios se dignaba escucharlo. El Diablo, pues, acusaba a los hombres. Pero tan ingrato, aunque legítimo, menester ¿era bastante para condenarlo? O las acusaciones respondían a la verdad y entonces Satanás habría hecho honradamente la función que Dios le había confiado, o las acusaciones eran falsas y entonces el Diablo no fue culpado como acusador, sino como verdadero calumniador.

Sin embargo, hasta en este segundo caso no podía hacer daño a nadie. Dios es omnividente y justo por definición y no es posible engañarlo. Él sabía discernir de un modo infalible lo que había de verdad y lo que había de falsedad en las acusaciones de Satanás y no habría castigado nunca a ningún hombre por los testimonios falsos del adversario. En éstos podía existir la intención, pero nunca la capacidad de perjudicar.

Pero quizá en la expresión a los "hermanos" acusados se refiere a los cristianos injustamente calumniados por el gran calumniador. En tal caso no se trata ya de la primera derrota —ocurrida muchos milenios antes de la encarnación— sino de una segunda batalla de la cual el Apocalipsis nos proporciona solamente el recuerdo.

17

EL *NON SERVIAM*

Se ha reprochado universalmente a Lucifer su famosa frase: No serviré.

Pero estas palabras ¿fueron verdaderamente pronunciadas por el príncipe de los ángeles? Se niega a servir a un tirano, a un déspota, a un autócrata. Nada de eso era aquel Dios que a sus criaturas, y más que nada a los ángeles, concede la libertad de querer. Dios no es un patrono terrestre que tiene necesidad de ser servido. Él es todo y todo lo posee: por eso no desea ni tiene esclavos. Es amor por excelencia y de ahí que quiera ser amado. Y el amor no es verdaderamente amor si no nace libre y espontáneo del alma.

Cristo, o sea Dios verdadero, ¿no dijo a los hombres: "La verdad os hará libres"? Y Lucifer, que ya gozaba de la gracia divina, ¿no era libre? Si no hubiese sido plenamente libre, ¿cómo habría podido rebelarse?

El deseo de no servir, o sea la libertad, ¿acaso no ha sido siempre uno de los signos de los espíritus fuertes y generosos?

Pero tal deseo vivo y que honra a los hombres acosados por las servidumbres terrestres —recuérdese a Caton de Utica, en Dante— no podía existir en Lucifer, que había sido creado libre y que de la libertad que le había sido concedida podía servirse para amar u odiar a Dios.

No fue la negativa a servir, sino la elección del odio —envidia, celos, protervia— la causa de la caída de Satanás.

18
¿QUIÉN ES EL VERDADERO RESPONSABLE
DE LA CAÍDA DE SATANÁS?

¿Cuál fue la verdadera razón por la cual Lucifer, justamente Lucifer, fue trastornado por el terrible pecado de la soberbia?

Recurramos para no equivocarnos al príncipe de los teólogos católicos, a Santo Tomás. En la *Summa Theologica* el gran doctor explica, de acuerdo con otros doctores, que Dios creó en Lucifer al más alto y al más perfecto de sus ángeles. (P. I. quaest. XXV, 6). Dante, siguiendo a Santo Tomás, llama a Lucifer "aquel que fue creado más noble que ninguna otra criatura" (Purg. XII, 25-26) y la "suma de toda criatura" (Parad. XIX, 46).

Tal superioridad de Lucifer sobre todos los otros ángeles está admitida por casi todos los teólogos. Y precisamente esta superioridad —querida por Dios— fue la causa primera de su soberbia y de su ruina. Recordemos nuevamente a Santo Tomás y para no equivocarnos reproduciremos sus mismas palabras: "Si se considera el motivo para el pecado se hallará mayor en los superiores que en los inferiores. La soberbia fue, pues, pecado del Demonio, cuyo motivo es la excelencia que fue mayor en los superiores". (*Summa Theologica*, quaest. LXIII, art. 7). Y Santo Tomás cita asimismo la autoridad de San Gregorio Magno: "Y por esto Gregorio dice por cuanto el que pecó fue superior entre todos".

Las consecuencias que se pueden sacar de los textos de Santo Tomás son clarísimas.

Dios creó a Lucifer más alto que a todos los otros, pero quien está más alto está también más sujeto a la soberbia. Por eso Lucifer fue el primero en caer en este pecado y en rebelarse contra Dios. El razonamiento no es muy profundo, pero se presta a reflexiones que pueden destruir con toda seguridad las concesiones tradicionales acerca de la caída de los ángeles rebeldes.

Dios es el creador único de todas las criaturas y sólo por Él tuvieron y tienen sus cualidades y todo lo necesario. Fue Dios, pues, quien quiso hacer de Lucifer, para decirlo con Dante, la "suma de toda criatura". Pero Dios es también omnisapiente, omnividente y omniprevisor y debía, pues, saber que Lucifer, a causa de su mayor superioridad, estaba sujeto a caer y que caería. Él hizo a su ángel predilecto, como a todos los ángeles y a todos los hombres, el don inestimable del libre albedrío, pero este don —Él no podía ignorarlo— daría a Lucifer la posibilidad de pecar y de caer. La superioridad fue el móvil de la soberbia; la libertad fue la condición que hizo posible la caída.

Dios, autor del universo, ha creado un mundo en el cual el pecado es posible, la rebelión es posible, el mal es posible y posible es la perdición. Si no hubiese existido en el mundo la posibilidad, mejor la facilidad, del mal, la libertad angélica y también la humana habrían podido escoger, pero escoger libremente, entre varios órdenes de bienes, de obras buenas, de acciones justas. Lucifer no ha creado el mundo y no se ha creado a sí mismo y no es, pues, culpa suya si el orden del mundo, establecido por Dios, permite y tolera el pecado; no es culpa suya si la misma superioridad que le fue concedida lo predispone y lo inclina, como afirma Santo Tomás, al pecado de la soberbia.

Si Dios es autor y legislador de todo, si nada es posible y presumible fuera de su voluntad y de su ley, tentados estamos de concluir que Él tiene su buena parte de responsabilidad en cuanto sucede a sus criaturas. Las ha creado de un modo dado, las ha puesto en una realidad creada por Él donde todo es posible y, por eso, en Él está la causa y principio de todas las cosas por admirables o terribles que sean.

Si los razonamientos de Santo Tomás son exactos y ortodoxos, ¿es justo atribuir toda la culpa a Satanás?

IV
LA CAIDA DE SATANÁS
Y EL DOLOR DE DIOS

19
LA CAIDA DE SATANÁS Y EL DOLOR DE DIOS

Si Dios es amor, debe ser necesariamente también dolor. Si amor es comunión perfecta entre el amado y el amante, de ahí se desprende que toda pena y desventura del amado entenebrezca y envenene el alma del amante. Si Dios ama a sus criaturas como un padre ama a sus hijos, indudablemente más de lo que un padre terrestre ame a los hijos de su sangre, Dios debe sufrir y seguramente sufre por la infelicidad de los seres que su poder sacó de la nada. Y si en Dios, por su naturaleza, todo es infinito, podemos pensar que su dolor es infinito como es infinito su amor.

Nosotros no pensamos lo bastante en este dolor infinito de Dios. Nosotros no tenemos piedad alguna de este tormento de Dios. Los más, entre aquellos que se reconocen suyos, no se cuidan de comprender y de consolar la aflicción desmesurada de Dios. Nosotros pedimos al Padre dones, ayudas, y perdón, pero nadie participa con la ternura de un solidario afecto filial en la perenne angustia de Dios.

Ha habido santos y probablemente aún los hay que quisieron sentir y aceptar repetir en sí mismos las torturas atroces de la visible Pasión de Jerusalén. Pero el dolor de Cristo no fue más que un momento, bien que esencial y supremo, del dolor de Dios. Fue, si nos es lícito usar de un término muy profano en tema tan sublime y sagrado, la "fase espectacular" del dolor divino. Se manifestó en un lugar de la tierra, en forma terriblemente humana y ha repercutido, conmovido y sacudido la imaginación excesivamente humana de los amantes. Pero la Pasión de Cristo no fue más que la Epifanía física, circunscrita en el tiempo y en el espacio, de una Pasión que es anterior y posterior a la Cruz. La Cruz es solamente un símbolo finito y tangible de una crucifixión que la precede y la sigue. "Cristo estará en agonía hasta el fin del mundo", ha escrito un hombre que ha penetrado el sentido trágico del cristianismo mucho más que los redactores de los digestos dogmáticos. Pero podía haber añadido que Dios estuvo ya en agonía desde el principio de los tiempos. La vida del Creador ha sido ya desde el principio del mundo, Pasión, o sea, un "padecer", un sufrir, un eterno atormentarse. Quien no ama a Dios en su dolor no merece su amor.

Del gran Orígenes son estas palabras admirables:

"El Salvador ha descendido a la tierra por piedad al género humano. Ha sufrido nuestras pasiones antes de sufrir la Cruz, antes aun de dignarse tomar nuestra carne. Si, en efecto, no la hubiese sufrido antes no habría venido a participar en nuestra vida humana. Pero ¿cuál es esta pasión que Él ha sufrido por nosotros? Es la pasión del amor. Y el Padre mismo, Dios del universo, el que está lleno de longanimidad, de misericordia y de piedad, ¿no es cierto que de algún modo también Él sufre? ¿Acaso tú ignoras que, cuando se ocupa de las cosas humanas, Él sufre una pasión humana? "Porque el Señor tu Dios ha tomado sobre sí tu vida, como aquel que carga a su niño". (Deut. I. 31). Dios, pues, toma sobre sí nuestra vida, como el Hijo de Dios carga con nuestras pasiones. El Padre no es impasible. Si se le ruega, Él tiene piedad y compasión. Sufre una pasión de amor..." (Orígenes, *Homilia sobre Ezequiel*, VI, 6).

La vida de Dios, como la del hombre, es tragedia. La creación, nacida de su voluntad amorosa de hacer participar a todas las criaturas en la alegría de su perfección fue causa a menudo de perdición. Él deseaba levantar, elevar y exaltar a las criaturas hasta aquellas cimas donde el no ser puede alcanzar el ser y tuvo que asistir a las renuncias, a las rebeliones, a las deserciones y a las caídas. Había creado un ángel más perfecto que los otros, el más próximo y más semejante de todos a Él y aquel ángel cayó. Había creado en el edén de la tierra a un ser maravilloso, modelado por sus propias manos, animado por su propio aliento, dotado de una consciencia y de una ciencia y también el hombre cayó. La más divina criatura celeste se levantó contra Dios; la más divina criatura terrestre desobedeció a Dios. A una y a otra no había podido negarles el privilegio de la libertad, distintivo de la semejanza deseada entre el artífice y sus obras maestras, pero una y otra criatura usaron de la libertad para romper y negar aquella semejanza. La perfección dio origen al pecado, la alegría tuvo por consecuencia la condena y la luz tuvo como respuesta la ofensa de las tinieblas. De pensar en esto cabe preguntar: ¿es que ha habido nunca en el universo y en el infinito tragedia más espantosamente trágica que esta dialéctica de la libertad?

Todos han encontrado sumamente justa la condena de Satanás. Pero hasta ahora ¿ha habido nadie que haya pensado que esta condena ha sido al mismo tiempo condena de Dios al dolor? El castigo de Lucifer se convirtió en seguida, en distinta forma, en el castigo de Dios.

Dios no podía substraerse a una ley que él mismo dejó inmanente en todo acto de justicia: ningún juez puede infligir una pena sin tomar sobre sí una pena equivalente a la señalada en su sentencia. El justo es tanto más justo cuanto acepta pagar también él por el culpable.

Lucifer fue condenado justamente a la pena más atroz; a la de no poder amar. Dios está condenado a una pena casi tan cruel: ama sin ser amado, sufre con el solo pensamiento de aquella tortura por Él querida.

Tratad, si tenéis un átomo de imaginación y una fibra de corazón, de comprender, penetrar y adivinar las proporciones dislacerantes de esta "divina tragedia". Quien no es capaz de tal esfuerzo y continúa imaginándose a Dios como un viejo plácido; bonachón, entregado a una distribución de premios y elíxires a sus servidores no ha llegado aún a los umbrales del cristianismo.

Pensad, Dios, forzado por su justicia, puede condenar pero no odiar. Si Él es, por esencia, el ser, no puede alimentar en sí esa sed de aniquilamiento que es el odio. Si Él es, por esencia, amor, todo amor, no puede subsistir en Él lo opuesto al amor, o sea esa negación del amor que es el odio. Él ha condenado necesariamente a Lucifer, pero no puede odiarlo ni podrá odiarlo nunca. Lo ha precipitado en un abismo aún más profundo que el abismo de su amor. Por cuanto Lucifer era el más elevado de todos los ángeles, el más semejante a Él, Él le amaba más que a los otros. Y cuanto más fuerte y pleno era su primitivo amor por Lucifer tanto más fuerte y pleno debe ser su afán misericordioso por su caída. Lo amaba inmensamente, antes de la rebelión cuando era feliz entre los felices, ¿cómo no va a amarle ahora ya que ha venido a ser el más desgraciado entre los desgraciados? El castigo de Lucifer es el más horrendo que mente divina y humana pueda concebir: no ama ya, no es capaz de amar, está sepultado y confinado en las oscuridades ilimitadas de la soledad y del odio. No hay condena que pueda parangonarse con la condena que sufre Satanás. Él es verdaderamente el "más desgraciado"; en un sentido que pavorosamente trasciende al concebido por Kierkegaard. No hay sobre la tierra malhechor tan desgraciado que no pueda tener en un instante un impulso de afecto, una confusa lucecilla de esperanza. Estos vislumbres míseros pero inestimables son negados a Satanás. Dios lo sabe, pero Dios no puede menos que sufrir por esta infelicidad que es tan absoluta como absoluta es su misericordia. El amor, hasta en el hombre, lleva en sus impulsos más sublimes a amar al que sufre, aunque sea por su propia culpa. ¿Qué no ocurriría en el corazón de Dios, en Él que es fuente primera y suma de toda compasión y de toda piedad? Tal vez Él ama a Lucifer ahora más que cuando ángel predilecto esplendía en el empíreo a su lado. Pero el amor que se siente por un infeliz, por el más desesperado entre los desesperados, es por necesidad un amor doloroso, amor de compadecimiento y de angustia. Dios, que todo lo sabe y nada olvida tiene que sufrir infinitamente por la suerte de aquella criatura maravillosa, a la cual concedió en los más vastos límites de lo finito todos sus dones y en la cual más que en ninguna otra, vio reflejada su grandeza y alegría. Lo amó un día como sólo Dios puede amar. ¿Cómo no experimentar un dolor inenarrable cuando vio a Lucifer levantarse contra Él? ¿Cómo no sentir un obsesionante desconsuelo por aquella luz tan amada ahora extinguida? ¿Cómo no sufrir lo indecible con sólo pensar que la criatura que Él había colocado en el más elevado lugar está ahora caída y confinada por debajo, aun de las inmundicias terrestres?

Él lo ama aún, pero su amor es tanto más doloroso por cuanto Él sabe con toda certeza que Lucifer no puede responder a ese amor, precisamente porque la condena consiste en esta privación e incapacidad absolutas para amar. Ni aun en su infinita piedad puede superar esa desolada incapacidad de afectos. Dios ama sabiendo que no es correspondido, que no puede ser correspondido. Dios sufre infinitamente, porque, ama infinitamente también a aquel que está condenado a no amar.

Él no puede por sí soló restituirlo a su primer estado elevadísimo; no puede salvarlo sin la voluntaria cooperación de otra criatura. Ni Lucifer puede redimirse por sí solo. Le bastaría un único y puro impulso de amor para alzar nuevamente el vuelo desde el abismo de abajo hacia el abismo de arriba y reaparecer esplendente de fulgor a la cabeza de los tronos y de las dominaciones. Pero su condena consiste precisamente en ser incapaz de ese impulso. Es necesario que alguien le tienda la mano y reavive su espíritu y este alguien no puede ser Dios. Pero este "alguien" que en el lenguaje humano se llama hombre, no sabe o no recuerda o no quiere. Debía ser el salvador de Satanás y se ha convertido en su siervo, o sea en el que lo ayuda a permanecer donde está, en el fondo sin fondo de la soledad.

Tal vez una de las razones que indujeron a Dios a crear al hombre, después de la caída de Lucifer, fue la esperanza de la redención de Satanás. El hombre, hecho de barro, pero de naturaleza casi angélica, habría sido el intermediario entre Dios y el gran ángel negro. Cuando Satanás se acercó a la nueva criatura para hacer de ella un instrumento de su rencor contra el Padre, el hombre habría podido hacer lo que Dios no podía hacer: tentarlo a su vez, reconducirlo a su primer destino con el ejemplo de su inocencia, de su obediencia y su humildad. Adán debió ser el pretexto para su retorno a la gloria. Así lo esperaba Aquél, que es amor ilimitado y universal, y que, sin embargo, fue tan pronto desilusionado y traicionado.

Adán prefirió obedecer a Satanás y desobedecer a Dios: el intermediario se hizo esclavo, cómplice y víctima. El hombre, con su caída, no se precipitó solamente a sí mismo en la desemejanza, sino que al mismo tiempo, perpetuó la condena del rebelde. Adán, al dar oído a las palabras del tentador, trastocó el amoroso designio de Dios. El desterrado expulsado del Edén prorrogó el exilio del fulminado.

Esta traición, que explica mejor la dureza de las sanciones del pecado original, fue la causa primera del segundo gran dolor de Dios. Él había creado un ser destinado a la felicidad y tenía que condenarlo a la infelicidad. Había sacado de la tierra una criatura bellísima y tendría que verla desfigurada por el remordimiento, por la culpa, por el trabajo y por la fatiga. Había creado un ser todo iluminado por la luz de la sabiduría y tendría que verlo andar a tientas en las tinieblas del error, en la noche de la ceguera. Había creado una criatura libre y tendría que verla reducida, doblada bajo el yugo, en las manos del Demonio. La había creado para la vida y tendría que asistir a la imitación interminable del primer fratricida.

Dios creó al hombre por amor y aún hoy, a pesar de todo, a despecho de todo, ama a los hombres. Pero precisamente este amor suyo obstinado por los hombres es fuente de su segunda condena al dolor. ¿Cómo no iba a sufrir al contemplar a cada instante la profunda infelicidad de sus hijos? Su amor por el hombre llega al extremo de hacer por él lo que no había hecho y lo que no podía hacer por Lucifer: se hizo Él mismo hombre para redimir a los hombres. Pero no bastó este sacrificio inaudito e inefable. Pocos hombres aceptaron con plenitud de corazón los frutos sazonados del nuevo árbol. El holocausto de la Redención fue aceptado solamente por una minoría y aun por ésta casi siempre como fórmula de un credo más que como sustancia activa de una vida transformada. Los hombres, hasta después de la crucifixión, continuaron traicionando, sufriendo, olvidando, matando y pudriéndose como antes.

Dios, después de su Pasión en la tierra, siguió padeciendo su Pasión eterna, infinita, divina. Él ama a los hombres y está forzado a ver a estos hijos siempre amados que se engañan, se mancillan, se masacran, se odian, se rebelan, rugen, sollozan, lloran y se desesperan. La infelicidad del hombre se refleja, multiplicada por la misericordia paterna, en la infelicidad de Dios.

Él, que todo lo sabe, sufre por aquellos que sufren por no conocerlo, por no seguirlo, por no obedecerlo, por no amarlo. Y sufre atrozmente, viendo cómo a aquellos mismos que le invocan con la boca le reniegan con el alma y con la vida. Sufre indeciblemente cuando ve que aquellos mismos que se vanaglorian de servirlo y de interpretarlo no son más que pozos de agua muerta en vez de ser fontanas cristalinas y ecos roncos de su palabra más que chispas de su fuego.

Sufre por todas las ruinas, por todas las miserias, por todas las infelicidades y brutalidades de sus "hijos pródigos", de sus fieles infieles, de los deicidas suicidas. Sufre, en fin, al reconocer que toda su sangre no ha podido aún impedir que la tierra sea todavía encharcada, empapada y embebida de sangre fraterna.

He ahí la doble raíz del dolor de Dios, del infinito dolor de Dios. Los cielos proclaman su gloria, pero el universo espiritual proclama su desventura. Se parece a un artífice que viese deshacerse o alterarse sus obras más admirables, las más queridas a su corazón. El gigante celestial está abismado: el rey de la tierra está herido y envilecido. Casi parece que la predilección divina sea un anticipo de consuelo para las caídas inminentes. Su amor parece que tenga los mismos efectos del rayo. Las torres que Él levantó por encima del cielo y de la tierra son las primeras en desplomarse. La supremacía se vuelve una fatalidad de maldición.

Lucifer no puede hacer nada por aliviar el dolor divino: su misma condena le absuelve de tan pavorosa sequedad. Pero el hombre puede hacer aún algo por su Dios que padeció y padece por él. No está extinguida en los hombres, a pesar de la hegemonía cainista, la capacidad para la *caridad*. Nosotros podemos amar a Dios, no solamente por su amor sino también por piedad a su Pasión. por compasión de su tortura sobrenatural. Y podemos hacer aún más, infinitamente aún más, con tal que se sepa y se quiera.

A los redimidos, cuando de veras hayan sido todos redimidos, les espera iniciar una segunda y por ahora inimaginable redención. El dolor de Dios es el último misterio de nuestra fe, y tal vez su solución, remota o no, esté confiada a nosotros, solamente a nosotros.

V
DIOS Y EL DIABLO

20
EL DIABLO Y EL ATEISMO

El Diablo no es ateo, todo lo contrario. Él está cierto, aún más que nosotros, de la existencia de Dios por haberlo contemplado de cerca, por haberlo visto en sus obras. Más aún, se puede afirmar que él conoce algunos dogmas de la teología cristiana bastante mejor que los teólogos: que a menudo han de confiar en la fantasía silogística para desentrañar algunos misterios.

Diremos más: el Diablo no es ni con mucho favorable al ateísmo, más bien, es probable que sea enemigo de los ateos. Él sabe demasiado bien que su poder está secretamente ligado al poder del Señor de los cielos.

Los hombres que no creen en Dios no se proponen ofenderlo o desobedecerlo, no cometen sacrilegios y en circunstancias normales, ni se cuidan de blasfemar su nombre. En ellos, pues, el Diablo tiene una presa menor: están destinados a su reino, pero sin batalla, o sea, sin el placer de la lucha y de la victoria.

En cambio, se podría decir que Dios es ateo. En efecto, la fe presupone una relación entre el creyente y el objeto de la creencia. Pero Dios es aquel que es y no hay otro ser que exista por encima de Él. Él tiene conocimiento de sí mismo, pero no eso que nosotros llamamos fe o creencia. A Dios, precisamente porque es Dios, le está concedido ser ateo.

Pero Satanás, que es una criatura, está forzado a creer en Dios; es un teísta. Puede combatirlo pero, por esto justamente, lo conoce y lo reconoce.

21

¿SATANÁS COMO DIOS?

En todo el Antiguo Testamento, la palabra *Satán* se usa con artículo, o sea nombre común, y significa como sabemos, enemigo, adversario. Pero hay una excepción que merece ser puesta de manifiesto, aunque los comentaristas la han tratado con muy pocas palabras.

En el libro de las *Crónicas* (XXI, 1) se lee: "Satán se levantó contra Israel e indujo a David a hacer el censo de Israel". En este pasaje —el único— *Satán* no va precedido del artículo y designa, pues, una persona determinada, o sea, precisamente el jefe de los rebeldes, el tentador del hombre, el antidios.

Y ahí aparece, en efecto, como un ser dotado de una potencia sobrehumana, porque no solamente se levanta contra el pueblo de Dios, sino que consigue dominar la voluntad del rey, de aquel David que Dios mismo había elegido como soberano y que nos han presentado siempre como servidor fiel y cantor inspirado de Jahveh.

Satanás, pues, muestra aquí un poder igual al de Dios, porque consigue insuflar en el espíritu del pío David su inspiración satánica, forzándole a hacer lo que el pueblo de Dios consideraba ilícito: un censo. En este episodio, bien que fugazmente señalado, Satanás aparece como un ser casi divino, capaz de contrarrestar la potencia de Jahveh, un vencedor de Dios.

Podría investigarse qué motivos podían inducir a los hebreos a juzgar obra satánica el censo del pueblo. Pero lo que cuenta, al menos para nosotros, es la prueba de que la *Biblia* concede a Satanás, por lo menos esta vez, un poder casi divino. David no lo adora, pero le obedece.

Y a este propósito nos viene a las mientes un versículo del *Corán* (XIX, 45) en el cual Abraham dice a su padre Tare: "Padre mío, no adoraré a Satanás. En verdad Satanás se ha rebelado contra el Misericordioso" ¿Existía pues, también en Ur, y aun en la familia de Abraham, en aquel que debía ser el padre del pueblo elegido, la adoración de Satanás como divinidad?

¿IMITA DIOS AL DIABLO?

El padre Lacordaire, fraile dominico, uno de los predicadores más elocuentes y más famosos del ochocientos, francés, dijo un día, desde el púlpito de Notre Dame de París, estas palabras: "Dios, hermanos míos, emplea algunas veces medios diabólicos".

Tomo la cita de un libro de León Bloy y no he ido a comprobarla a las obras completas del famoso predicador. Pero esas palabras de Lacordaire —aunque no fuesen de él— merecen una apostilla.

¿Es concebible que Dios, el perfectísimo y omnipotente, se avenga hasta imitar las artes y las estratagemas propias del Diablo? ¿Es que también Él se propone usar de lazos y engaños aun con una finalidad santa?

A primera vista la cosa aparece como una blasfemia increíble. Pero si recordamos una parábola del Evangelio no es difícil dar un sentido racional a la audaz afirmación de Lacordaire. Es la parábola del mayordomo infiel, en la cual el amo (que significa Dios) afirma que "los hijos del siglo son más cuerdos que los hijos de la luz" (Lucas XVI, 8) y aconseja imitarlos. Los "hijos del siglo" contrapuestos a "los hijos de la luz" no pueden ser otros que los discípulos y secuaces de Satanás ("príncipe de este mundo"). Así tenemos la prueba de que la segunda persona de la Trinidad, o sea Cristo, aconseja a "los hijos de la luz" seguir el ejemplo de "los hijos de las tinieblas".

Y de ello tenemos, además, confirmación en una célebre exhortación de Cristo a los apóstoles: "Sed, pues, prudentes como serpientes y sencillos como palomas". (Mateo, X, 16). El significado simbólico de estos animales en la *Biblia* es por demás notable: la paloma es el Espíritu Santo y la serpiente es el Demonio. Hasta en este pasaje Dios aconseja a sus fieles imitar la prudencia (astucia) de Satanás.

Toda la diferencia se reduce a un solo punto: las artes de la serpiente (Diablo) deben ser puestas en práctica para salvar las almas y
no para arruinarlas. Y Dios, o sea Cristo, no puede aconsejar a sus
amigos lo que Él mismo no habría hecho nunca. El padre Lacordaire,
como se ve, tenía sus buenas razones cuando enseñaba desde el púlpito más famoso de Francia que Dios puede servirse, algunas veces, también de "medios diabólicos".

23
LOS DOS TENTADORES

Se ha reputado al Diablo como el tentador por antonomasia y todos están de acuerdo sobre el particular. Si el oficio de Dios, según Heine, es el de perdonar, el de Satanás es el de tentar.

Pero, realmente, ¿es él solo y el *único* encargado de poner a prueba la debilidad humana? ¿No sería él, también en este arte, un *remedo* de Dios?

El Paraíso nos ofrece, ya desde el principio, un cúmulo de tentaciones. Allí, en aquel beatifico jardín, hay dos árboles que son los más apetecibles, codiciables y admirables de todos: el árbol del conocimiento y el árbol de la vida. Pero precisamente estos árboles, y solamente éstos, han sido prohibidos a la primera pareja humana. El hombre y la mujer saben de la naturaleza y de las virtudes de aquellos árboles: pueden buscar entre las hojas, tomar sus frutos que están allí, al alcance de sus manos y de sus ojos: pueden admirarlos y tocarlos, lo saben y presienten que son los más preciosos de todos, y sin embargo, precisamente de aquéllos no deben comer. ¿No se parece esta doble prohibición a una verdadera tentación? Si Dios no quería que Adán adquiriese el conocimiento y la inmortalidad, ¿por qué puso aquellos árboles en el Paraíso y al hombre tan cerca de ellos? Él había formado a Adán con sus propias manos y debía saber cuán frágil era la arcilla de que lo había formado. ¿Por qué, pues, exponerlo a una prueba tan dura y tan difícil?

El hombre y la mujer, en efecto, no supieron resistir al deseo de aquellos frutos y cayeron miserablemente. La tentación, cierto es, fue obra de Satanás, pero ¿es posible que la antigua serpiente pudiese penetrar en el Edén y dirigirse a Eva a hurtadillas y contra la voluntad del Dueño del Paraíso? Adán había recibido de Dios la libertad, pero de Dios había recibido también todo lo que él poseía y con esto, hasta la posibilidad de la concupiscencia y la desobediencia, hasta la debilidad de la carne y del deseo.

Aquí Dios se nos aparece, ya desde el primer momento de la vida humana, como un tentador. Y este atributo suyo está confirmado por la inequívoca plegaria del Padrenuestro que el mismo Hijo de Dios enseñara a sus discípulos.

Todos conocen el último versículo de esta sublime oración: "No nos induzcas en tentación, mas líbranos del mal". (Mateo. VI. 13). Todos repiten estas misteriosas palabras sin darse cuenta bien de su inaudito significado.

La plegaria, dictada por Dios, se dirige directamente a Dios y es precisamente a Él a quien debemos pedir que no nos *induzca en tentación:* Dios mismo se reconoce como tentador.

La cosa se antoja tan inverosímil que se trató de traducir por otras expresiones aquel versículo revelador. Algunos propusieron: "No nos expongas a la tentación", o también, "no nos dejes sucumbir a la tentación". Pero el texto está claro y no puede ser alterado por interpretaciones acomodaticias. El texto semítico, sometido al griego actual, no admite aquellas variantes. La Vulgata traduce honestamente: "no nos induzcas en tentación". Por lo demás, "exponer a la tentación" o "no dejarnos sucumbir" no excluyen, antes la suponen, una intervención de Dios: Él puede exponernos, Él puede permitir nuestra derrota. Todo lo más, se puede entender la palabra griega *peiramos,* como *prueba* y no como una solicitación al mal, a semejanza de la *prueba* de los dos árboles. Pero exponer a uno a prueba, y sobre todo a una prueba siempre difícil, no está muy lejos del significado y del hecho dé la tentación.

Bien es verdad que inmediatamente después añade la oración: "pero líbranos del mal" y los más antiguos intérpretes —Orígenes, Crisóstomo, Tertuliano— seguidos de muchísimos modernos, identifican el *mal* con el maligno, o sea con el Diablo. Pero estas últimas palabras que encontramos en el Evangelio de San Mateo, faltan en el de San Lucas.

De todos modos, la oración dominical se cierra con dos imploraciones: que Dios no nos induzca en la tentación y que nos libre de las tentaciones del Demonio. Los tentadores, pues, parece que son dos.

Y no se puede decir que las *tentaciones* de Dios deben ser opuestas, por necesidad, a las de Satanás, y por eso mismo, benéficas y santas. En tal caso, ¿qué sentido tendrían las palabras de la oración que claramente piden a Dios no *inducir en tentación*? ¿Podría concebirse nunca que Cristo hubiese exhortado a los fieles a negarse a las solicitudes al bien?

Queda, sin embargo, el enigma de la naturaleza de esas posibles tentaciones divinas. ¿Se alude acaso a tentaciones que tienen su raíz en nuestra misma naturaleza que, en definitiva, es obra de Dios? ¿Es la petición de una fuerza más poderosa de resistencia a las tentaciones diabólicas? Pero el "inducir", que implica una acción sobre la voluntad humana, se opone a toda hipótesis para nosotros inteligible. El "misterio de la tentación de Dios" va unido, a mi juicio, a los otros misterios en torno de los cuales se fatiga en vano desde hace siglos la teología cristiana.

24
SATANÁS COMO AGENTE DE JAHVEH

Aún hoy se admite por la mayoría que Satanás, después de la rebelión y de la caída, ha sido relegado al abismo y nunca más ha sido admitido a la presencia del Creador.

Pero la verdad es bien distinta. El libro de Job nos revela que aún después de la expulsión del Cielo fueron cordiales las relaciones entre el Señor y el insurgente. ¿Recordáis?

"Porque sucedió que un día, cuando los hijos de Dios (los ángeles) vinieron a presentarse delante de Jahveh, Satanás iba también en medio de ellos". Y Dios sin curarse de los otros, de los fieles, dirigió en seguida la palabra al maldito. Y Jahveh dijo a Satanás: "¿De dónde vienes?" Y Satanás respondió a Jahveh: "De recorrer el mundo". Y Jahveh dijo a Satanás: "¿Y tú no has visto a mi siervo Job?" Inútil es referir el resto, porque todos conocen la proposición de Satanás que quería poner a prueba al piadoso patriarca para hacerle renegar de Dios. Jahveh aceptó el desafío escéptico y protervo del enemigo. Y Jahveh dijo a Satanás: "Todo lo que es posible está en tu poder; únicamente no extenderás la mano sobre su persona". Y Satanás se retiró de la presencia de Jahveh.

Conocemos en sus detalles todo lo que sucedió después de tan amistoso diálogo. A nosotros nos basta ahora poner de relieve tres verdades importantes que pueden deducirse del texto inspirado.

La primera es que Satanás, a pesar de su rebelión, acaecida muchos siglos antes de la edad en que vivió Job, podía mezclarse con los ángeles fieles (los hijos de Dios) y presentarse con ellos delante de Aquél que él había intentado destronar. Esto demuestra que Dios, en su infinita misericordia, sentía aún una indulgencia paternal hacia Lucifer; Dios es, en efecto, siempre mucho más longánime de lo que hacen suponer algunos teólogos rigurosos y rigoristas.

La segunda es que Satanás actuaba, en cierto sentido, como inspector "revisor" de Dios en medio de los hombres y que Dios escuchaba con benignidad sus informes, sus juicios y sus acusaciones. Todo esto lo ha confirmado el santo profeta Zacarías, el cual vio al sumo sacerdote Joshua delante del ángel de Jahveh "y Satanás que estaba a la derecha para acusarlo", (III, 1). El Diablo, pues, es un agente de Dios, reconocido por Dios: algo así como un investigador, como un acusador público. Diríase casi un "procurador del Rey del cielo".

La tercera verdad no menos importante, es que el Señor estaba pronto, en casos determinados, a conceder a Satanás poderes semejantes a los suyos: "todo lo que es posible está en tu poder". Este es un enorme privilegio que el Padre solamente concede al Hijo cuando Éste se encarna en la tierra.

El libro de Job nos presenta, pues, de un modo inesperado, las relaciones entre el juez Supremo y el condenado rebelde. No hay que olvidar esto cuando se piense en un retorno posible de Lucifer a su primer estado de ángel perfectísimo.

Y las relaciones entre Cristo y Satanás fueron, como veremos, igualmente muy amigables.

25

EL ENGAÑADOR ENGAÑADO

Nos han presentado al Diablo como a un fraudulento escarnecedor, un artífice pérfido de insidias y engaños. Pero no siempre es así. Un observador honrado y no prevenido contra él está obligado a reconocer que el maestro del engaño fue en más de una ocasión traicionado y burlado. El colmo de la justicia ¿no consiste a veces en ser justos con los injustos?

San Gregorio Magno papa —al que hasta Santo Tomás cita a menudo como a una autoridad teológica— expone en su *Moralia* (XXXIII, 13-41) una extraña teoría de la redención fundada en un fraude en menoscabo del Diablo. San Gregorio escribe: "Nuestro Señor, que vino para redimir el género humano, se hizo Él mismo, en cierto modo, anzuelo para pescar al Diablo. Tomó verdaderamente un cuerpo para inducir a este Behemoth (el Demonio) a morder la carne que se hizo de esa manera cebo para él. Al desear injustamente la muerte del cuerpo de Cristo él nos perdía siendo así que legítimamente éramos suyos. Y fue preso por el anzuelo de la encarnación, porque al arrojarse sobre el cebo del cuerpo (de Cristo) quedó prendido en el aguijón de la divinidad. En Jesús estaba la humanidad destinada a atraer su voracidad y en Él estaba la divinidad que debía apresarlo... Él fue, pues, cogido en el anzuelo, porque lo que había devorado lo mataría. Este Behemoth sabía con certeza que el Hijo de Dios encarnaría, pero ignoraba el designio de nuestra redención. Sabía que el Hijo de Dios se había encarnado para redimirnos, pero ignoraba por completo que este redentor, al morir, lo engancharía a él... Este Leviathan (el Diablo) ha sido cogido en el anzuelo porque, mientras valiéndose de sus satélites mordía en nuestro Redentor el cebo del cuerpo, lo enganchaba en el aguijón de la divinidad. El aguijón se quedó en las tragaderas del glotón y mordió al que lo había mordido. Behemoth Leviathan puede compararse a un pajarillo: el Señor lo ha cogido como se coge al pajarillo, poniéndole delante la pasión de su Hijo unigénito como un cebo, pero escondiéndole el cepo. Era necesario que la muerte de los pecadores que mueren justamente tuviese fin con la muerte del Justo que muere injustamente".

El pensamiento de San Gregorio Magno está clarísimo. El príncipe de este mundo, el Demonio, era, a consecuencia del pecado original, el legítimo propietario de los hombres. Dios; para rescatar al género humano, debía obrar de forma que el Diablo cometiese una injusticia tan grave que le permitiese arrebatarle justamente lo que poseía. Y Dios, según San Gregorio Magno, recurrió al engaño: se sirvió del cuerpo humano de Cristo como cebo goloso para inducir a Satanás a picar en él y matarlo. El deicidio consumado por los servidores del Diablo fue el acto irreparable que le arrebató, de *jure,* el dominio sobre los hombres. Satanás, pues, fue engañado por Dios por amor hacia los hijos de Adán. El cuerpo humano de Cristo fue el cebo que lo tentó. Satanás no se apercibió del engaño y perdió la partida. El rescate humano fue obtenido gracias a un fraude en daño del adversario.

Esta teoría de la redención fue abandonada por los teólogos sucesores de San Gregorio Magno, pero el hecho de que fuese concebida y sostenida por un santo pontífice prueba que, en la conciencia cristiana, es lícito engañar al gran engañador. Mejor aún, fue Dios en este caso el que arbitró el fraude y ofreció al propio Hijo como el pescador ofrece la lombriz a la glotonería del pez.

Iblis —el diablo del Islam— acusa abiertamente al Creador de haberlo engañado, pero por una razón distinta a la imaginada por San Gregorio Magno, como veremos.

En la literatura medieval se encuentran muchas leyendas en las cuales el Diablo figura como burlado por los ángeles buenos que consiguen quitarle de las manos las víctimas por él ya atrapadas. El episodio del conde de Montefeltro en *La divina comedia* (Purg. V, 104 sig.), podía ser una variante del tema del Diablo desilusionado que en el último momento pierde un alma que creía ya suya.

Ben Jonson, en su comedia *The Devil is an Ass* (representada en 1616 e impresa en 1631) desarrolla un asunto parecido: El diablo Pug, enviado sobre la tierra para dar prueba de sus maldades acaba vencido y zarandeado por las estratagemas de los embrollones humanos y regresa descornado a los infiernos. Motivos semejantes se encuentran en otros poetas isabelinos: en William Haughton (*The Devil and his Dame L*, 1600), y en Thomas Dekker (*The Devil is in it*, 1612).

Pero el ejemplo más famoso, en la literatura, del Diablo burlado es el Mefistófeles goethiano. Él se ha afanado durante años para satisfacer todos los deseos puros e impuros de Fausto y cuando éste se acerca a la muerte, está seguro de llevarse, como una presa legítimamente suya, el cuerpo y el alma del viejo doctor. Pero Goethe, como sabemos, hace descender del cielo coros enteros de ángeles que derrotan a las milicias de Mefistófeles y éste no puede hacer otra cosa que reconocer su derrota. A despecho suyo y contra todo derecho de propiedad, Fausto es salvado.

> El alma grande, prometida en el pacto
> me la han robado con un engaño.
> Y ahora, ¿a quién haré la reclamación?
> ¿Quién me devolverá lo que me pertenece?

Mefistófeles, sin embargo, atribuye la derrota más a la estupidez del Diablo que al engaño obrado por Dios por medio de los ángeles.

> Vieja zorra cómo ha perdido el tiempo
> en estúpidas menudencias de muchachos.
> Realmente no fue poca, en fin de cuentas,
> su estupidez...

Demasiado se ha hablado de astucia agudísima e inigualable del Diablo. Gregorio Magno y Goethe —un gran santo y un gran poeta— nos advierten, empero, de esa imbecilidad que le ha hecho perder tantas y tan preciosas presas. Las potencias del cielo se han aprovechado de esa insensatez para engañarlo, o sea, en el fondo para imitar sus artes. Y por eso sus derrotas podrían ser juzgadas, en cierto modo, como revanchas suyas: para vencerlo es necesario obrar como él.

26

EL DIABLO DEUDOR DE DIOS

Otto Weininger, el joven hebreo, misógino suicida, autor de *Sexo y carácter,* ha comprendido mejor que muchos teólogos uno de los caracteres esenciales del Diablo. En uno de sus últimos aforismos se encuentra este pensamiento profundo: "El Demonio tiene todo su poder prestado: él lo sabe y por eso reconoce en Dios a su prestamista de capital; por eso se venga de Dios: todo mal es destrucción de crédito; el delincuente quiere matar a Dios". *(En torno a las cosas supremas)*

El odio del Diablo no nace solamente de su primer impulso de verse reducido a menos Él, su gracia y su soberanía. Este odio ha crecido cada vez más por un sentimiento de su dependencia eterna, aun después de la caída, de su Creador. Si el Demonio es aún príncipe, si le queda todavía un poder, un dominio, todo eso lo debe únicamente a la voluntad de Dios, que, para sus inexcrutables fines no lo ha reducido a la nada, sino que le ha confiado un reino y una misión. El conocimiento de esta dependencia lo exaspera. Él no es capaz de gratitud y, aun menos que los hombres que ya es decir consigue ser agradecido.

Por eso en él existe el odio secreto y profundo del beneficiado hacia el benefactor, del deudor hacia el acreedor, y de ahí su obsesión de suprimir o al menos, de herir al acreedor y benefactor. Por esta razón él se las arregla para empujar a los hombres al deicidio, o sea a aquellos pecados que son, al decir de los teólogos, formas y conatos de deicidio. Y por este motivo Satanás colaboró en la Crucifixión del Gólgota y así instiga al asesinato que es destrucción violenta de una criatura de Dios, de un ser creado por Dios, hecho a imagen y semejanza de Dios: deicidio intencional.

El Diablo es el deudor rencoroso y vengativo que se sirve de los hombres en sus tentativas de defraudar y herir a Dios, al cual, aun en su condena, debe todo, a excepción de su odio implacable.

27
EL DIABLO REVERSO DE DIOS

A consecuencia de su rebelión, el arcángel llamado Lucifer se hizo el contrario de Dios: el antidiós.

Dios es amor y Satanás es odio; Dios es creación permanente y Satanás es destrucción; Dios es luz y Satanás es tinieblas; Dios es promesa de eterna beatitud y Satanás es la puerta de la eterna condenación.

Pero esta oposición no es como parece a simple vista, total Dios es omnisapiente, pero Satanás no es del todo ignorante: Santo Tomás de Aquino ha circunscrito, pero ha reconocido, la sapiencia del Diablo (*Summa*, 1, quest. 64, art. 1; *De Malo*, 9, 16, art. 6, 7, 8).

Dios es omnipotente pero el Diablo no es impotente del todo, como lo demuestra el mismo doctor de la Iglesia (*Summa*, 1, quest. 110, art. 4; *De Malo*, 9, 16, art. 9, 11, 12).

Dios se ha definido a si mismo: Yo soy El que es. Si el Diablo fuese lo opuesto absoluto de Él debería ser la nada. Y si fuese la nada no podría actuar como actúa sobre vivos y muertos. Y hasta podría sostenerse, por mero juego dialéctico, que el Creador, habiendo creado de la nada el mundo, de ella extrajo a Satanás y que la sustancia misma del universo sensible es por eso mismo diabólica.

Absurda es esta ilación, pero aunque se quisiera contraponer al Ser absoluto, a Dios, el Demonio como la nada no alcanzarían juntos a destruirlo. Dedes Fridusio, en su retrato *De Nihilo et Tenebris* a Bergson y a Heidegger, los filósofos han intentado sugerir que hasta la nada es "algo".

Hegel va más lejos y afirma que el ser mismo en su indeterminación es algo inefable "cuya diferencia de la nada es una simple intención". El Diablo, pues, no es totalmente lo opuesto del Creador, también él participa del ser, también él tiene un resto de poder y de ciencia que lo coloca por debajo de Dios, pero por encima de los hombres. El

Creador le concedió como a las otras criaturas angélicas y humanas la libertad y el uso de ella del modo que sabemos. Dios, aunque omnipotente, no pudo impedirle que usara de aquel modo terrible de la libertad que le había concedido: en aquel instante de la fatal decisión Satanás fue, en cierto modo, igual a Dios, porque Éste, aunque lo hubiese querido no habría podido oponerse a la libre decisión del rebelde.

Al menos por un instante, en el de su rebelión, la voluntad de Lucifer prevaleció sobre la potencia y el amor del Padre.

VI
CRISTO Y SATANÁS

VI

CRISTO Y SATANAS

28

CRISTO Y SATANÁS

No terminan con las tentaciones las relaciones entre el Salvador del mundo y el príncipe de este mundo. Y vale la pena recordarlas porque demuestran que entre ellos no hubo aquella enemistad absoluta que imaginan todos los cristianos.

Cuando Jesús desembarcó en el país de los gadarenos un hombre extraño salió, desnudo, de una tumba y apenas lo vio vino a su encuentro. Estaba poseído como dice Marcos por un espíritu impuro o, como aparece en el Evangelio de Lucas, por muchos demonios que lo atormentaban. Se postró a los pies de Jesús, lanzó un gran grito y por su boca el Demonio dijo así: "¿Qué tengo yo que ver contigo, hijo de Dios Altísimo? Por Dios te conjuro que no me atormentes". (Marcos, V. 2-7). Jesús, como sabemos por lo que sigue del relato, no accedió a la imploración del Demonio y lo lanzó, con todos sus compañeros, del cuerpo de aquel desgraciado. Pero la palabra más significativa de todo el episodio está en aquella invocación del Demonio en la que llama a Jesús "hijo de Dios Altísimo".

Los mismos apóstoles en aquellos momentos no habían aún reconocido en Jesús al hijo de Dios: la primera proclamación abierta de la divinidad de Cristo fue hecha, pues, por la voz de un hijo del Diablo.

Hay también en el Evangelio otra prueba de que Cristo tuvo otros diálogos con Satanás. Un día, dirigiéndose a Pedro, le dice: "Satanás ha pedido cribaros como se criba el grano, pero yo he rogado por ti para que tu fe no venga a menos".

Estas misteriosas palabras, pronunciadas en un momento solemne no han sido lo bastante para iluminar a los comentaristas. ¿A quién, pues, ha pedido Satanás cribar a los apóstoles? ¿Al Padre o, como sería más lógico, a Cristo mismo? Y ¿por qué obsesiona tanto a Satanás, al enemigo, que sean cribados los apóstoles como se criba el grano para expulsar a los que no tuviesen bastante fe en el Mesías? ¿Acaso Satanás los estaba tentando para que abandonasen al Maestro como había tentado también al más fervoroso de todos, a Simón llamado Pedro? No olvidemos que Jesús, una vez, apostrofa a Pedro precisamente con el mismo nombre del tentador: "¡Vete de mí, Satanás!" (Marcos, VIII, 33).

Pero ¿cómo se había enterado Jesús de esta petición de Satanás? ¿Acaso por intuición divina o mejor aún porque Satanás le había dirigido a Él mismo aquella invitación?

De todas formas Jesús no olvida ni menosprecia aquella sugerencia de Satanás. Antes lo contrario, la tiene presente, puesto que le induce a Él mismo a rogar al Padre para que la fe de Pedro se mantenga firme a despecho de sus vacilaciones. ¿No habría podido Él ignorar o rechazar sin más la satánica invitación de aquella ahechadura?

Cristo no pudo ser amigo de Satanás y antes dará a los discípulos el poder de hollar las serpientes y lanzar los demonios. Y aun así, Él no se muestra enemigo acérrimo del enemigo, bien que Satanás sea su adversario más pequeño. Hay en esto una diversidad de lenguaje y de contenido que es preciso notar. En Cristo, que es amor absoluto, puede haber desdén, pero nunca odio.

29
¿EL DIABLO HERMANO DEL VERBO?

El numida Lucius Caecilius Firmanius, que se hizo célebre con el sobrenombre de Lattanzio, vivió en la segunda mitad del siglo III y principios del IV. No tiene una gran autoridad como teólogo pero Tiseront, en su Patrología, dice de él que fue una "naturaleza tranquila, ponderada, amiga de la paz, un cristiano sincero que realizó, sin ruido, su deber".

En su gran obra apologética (*Divinae Institutiones*, II, 9) encontramos una noticia realmente extraña de la cual no conocíamos bien el origen. Lucifer, según Lattanzio, habría sido nada menos que hermano del Verbo, o sea, de la segunda persona de la Trinidad. He aquí sus sorprendentes palabras: "Dios, antes de crear el mundo, produjo un espíritu semejante a Él, colmado de las virtudes del Padre. Después de éste hizo otro, en el cual la impronta del origen divino se borró, porque fue manchado con el veneno de la envidia y por eso pasó del bien al mal... Fue celoso de su hermano mayor que, unido al Padre, se aseguró su afecto. Este ser que de bueno se hizo malo es llamado Diablo por los griegos".

En el espíritu primogénito, colmado de todas las virtudes divinas y que Dios amó sobre todos los demás es fácil reconocer al Verbo, o sea al Hijo por excelencia. Y el relato de Lattanzio hace pensar que el otro espíritu, aun dotado de toda la gracia, era el secundogénito del Padre: el futuro Satanás sería nada menos que hermano menor del futuro Cristo. Y Satanás no habría estado celoso del hombre, como sostienen San Cipriano, San Irineo y San Gregorio de Nyssa, sino celoso de su propio hermano. Los celos de Caín hacia Abel habrían sido prefigurados en el cielo al principio de los tiempos por los celos de Lucifer hacia el Logos.

Esta opinión inaudita de Lattanzio no ha sido, que yo sepa, aceptada y repetida por ningún teólogo cristiano. Tal vez esta opinión nació en el apologista numida de la exageración de una doctrina bastante difundida entonces como ahora, la de que Lucifer era el más luminoso y perfecto de los ángeles, el más cercano a Dios y quizá el primero en ser creado. Pero el más alto de los ángeles está, sin embargo, más lejos, por naturaleza y esencia, del Dios uno y trino.

Con todo es muy singular que un cristiano sincero y docto pudiese enseñar en el siglo IV que Satanás no era solamente el primero de los ángeles sino que era además el hermano de Dios.

JESÚS VIS A VIS CON EL DIABLO

Los textos de Mateo y de Lucas están contestes y clarísimos. Jesús fue tentado por el Diablo durante cuarenta días, o sea todo el tiempo que Él estuvo en el desierto. Las tentaciones particulares narradas por los evangelistas —y que trataremos de comprender bien pronto— fueron solamente las últimas, las tentaciones finales, las tentaciones de penúltima hora.

Durante cuarenta días el Diablo tentó al Hijo de Dios. ¿Cómo podemos entender estas tentaciones? ¿Fueron carnales o fueron espirituales? ¿Fueron asaltos furiosos al solitario o simplemente disputas intelectuales? Jesús· no quiso revelar su naturaleza y nosotros no podemos arriesgarnos —sin temor a incurrir en una irreverencia— a adivinarlas. Pero resulta una verdad evidente de esta larga y obstinada persecución diabólica: Jesús no quiso rechazar al Diablo; Jesús toleró y soportó las repetidas tentaciones del enemigo y aceptó en la soledad una sola compañía: la del Diablo. Él era Dios, bien que en forma humana, y habría podido echar lejos de sí, con una sola palabra, al tenaz tentador. No lo hizo, no quiso hacerlo. Esto demuestra, a mi juicio, que Él no desdeñaba aquella compañía, que Él no aborrecía la presencia del arcángel rebelde, que Él condescendía a hablar con él, a escucharlo, a responderle. Hay más, Jesús se había retirado al desierto con esa finalidad, para someterse a esa prueba. Lo afirma explícitamente el evangelista San Mateo: "Entonces Jesús fue conducido por el Espíritu al desierto para ser tentado por el Diablo (IV, 1). ¿En qué sentido debemos entender el Espíritu que conduce a Jesús con aquella finalidad precisa a la árida soledad? ¿Se trata del Espíritu del Padre? O ¿fue, por el contrario, el Espíritu Santo?

De todas maneras nosotros podemos sacar de las palabras de Mateo una consecuencia que no han advertido los comentaristas. Jesús había recibido el bautismo y ya iba a comenzar su misión pública. Antes de dar principio a su obra de Maestro, era, empero, necesario que Él fuese tentado por el Diablo. Esta tentación era, pues, una prueba a la cual el Redentor no podía substraerse. Era una condición y una preparación para su misión divina. Cristo es como ciertas hojas de metal que no pueden cortar, si no se ponen antes al rojo vivo en el fuego.

La tentación aparece como, según los evangelistas, una necesidad, una vela de armas antes de lanzarse a la conquista de las almas. El Diablo por eso es considerado uno de los personajes necesarios, aun en un sentido antagonista, de la tragedia de la pasión. Sus tentaciones son el preámbulo imprescindible de los futuros suplicios. Y bajo ese aspecto, el Diablo aparece como un colaborador de Cristo.

31
LA PRIMERA TENTACIÓN DE JESÚS

La primera tentación que conocemos es la del pan. "Y en aquellos días —dice Lucas— no comió nada: mas acabados que fueron, tuvo hambre. Y el Diablo le dijo: Si tú eres el Hijo de Dios di a esta piedra que se haga pan". (IV, 3-4). Se dice comúnmente que el tentador quiso aprovecharse del hambre de Jesús para desafiarlo. Pero el pensamiento de Satanás es más sutil y complejo. Acaso no estaría muy seguro de que Jesús fuese el Hijo de Dios y quiso que realizase un milagro, una transmutación material: si Jesús lo hubiese hecho, Satanás habría salido de dudas. Pero Cristo no quiso realizar aquel prodigio que para un Dios habría sido cosa fácil. Habría podido cambiar en pan aquella piedra, pero no quiso hacerlo. Satanás demostraba tener un concepto asaz materialista de la divinidad, como si ésta consistiese esencialmente en el dominio sobre las cosas materiales y visibles. Para las turbas hambrientas multiplicaría muy gustoso los panes como para los convidados de las bodas de Canaan transmutará el agua en vino. Pero se niega a dar esta satisfacción al Diablo. Y le responde con las famosas palabras: "Está escrito: no sólo de pan vive el hombre". Estas palabras se encuentran en el *Deuteronomio* (VIII, 3). "El hombre no vive sólo de pan, sino de todo lo que sale de la boca de Dios". El verdadero alimento del hombre es espiritual: su vida se mantiene por las palabras que salen de la broca de Dios, o sea la verdad. La réplica no podía ser más apropiada: el Diablo sumergido en la materia es padre de mentiras. Jesús le contrapone el espiritu y la verdad. La primera prueba es superada divinamente. El Diablo tiene que urdir otras insidias para llevar hasta el final su oficio.

91

32

LA SEGUNDA TENTACIÓN DE JESÚS

"Entonces lo condujo a Jerusalén y lo subió a una almena del templo y le dijo: Si tú eres Hijo de Dios, arrójate desde aquí, abajo, porque está escrito: Él ordenará a sus ángeles protegerte y ellos te sostendrán en alto con sus manos para que no des con tus pies en ninguna piedra". (Lucas, IV, 9-11). En esta segunda tentación hay dos cosas notables. Si el Diablo condujo a Jesús con tanta rapidez a Jerusalén y pudo subirlo a lo alto de una almena del templo, debió habérselo llevado en vuelo: el Diablo, pues, poseía aún sus alas de arcángel.

La segunda es que el Diablo, para acomodarse al estilo de Jesús, cita las palabras de las *Escrituras*. Él da prueba de conocer de memoria el texto sagrado, porque su cita es tomada textualmente de un salmo (XCI, 11-12).

Satanás, siempre desconfiado, pide otro prodigio. Después de la trasmutación la prueba de la levitación. Jesús debe dejarse caer desde lo alto del templo y llegar a tierra sin hacerse mal alguno. Satanás sigue sin comprender: como los groseros judíos le pide una señal, un milagro material.

También en esta segunda tentación se revela, sin embargo, la naturaleza del Diablo que tiende a *arrastrar* hacia abajo. Él no invita a Jesús a que se eleve al cielo —como lo hará después en la Ascensión—, sino que le invita a precipitarse desde lo alto hacia abajo, o sea *descender* en vez de *subir,* quería, en suma, que lo imitase.

Pero Jesús, tampoco esta vez quiso acceder a aquella prueba ridícula y humillante y se conformó con contestar con otras palabras de las *Escrituras:* "No tentarás al Señor tu Dios". (*Deuter,* VI, 16). Jesús confirma con estas palabras que Satanás puede tentar hasta a su Dios, reconocimiento, cuyo significado e importancia vimos ya en otra ocasión. Y al mismo tiempo revela al tentador su verdadero ser, o sea su naturaleza divina, aplicándose a sí mismo las palabras que el *Deuteronomio* refiere a Jahveh. Nadie, a mi juicio, ha notado que Cristo ha hecho la *primera* confesión de su propia divinidad al Diablo, precisamente a él que osó desafiar a Dios, que "contra su Hacedor frunció las cejas", como dijo Dante con una feliz expresión. En el momento del bautismo una voz había proclamado a Jesús verdadero Hijo de Dios, pero era una voz que bajaba del cielo, no era la voz de Jesús. Aquí, empero, es el mismo Cristo el que afirma ser Dios y lo afirma, antes que a los otros, al vencido adversario. Más tarde se lo dirá también a los hombres, pero no debemos olvidar que lo dijo, con las palabras mismas de Dios, al adversario que dudaba de él.

33

LA TERCERA TENTACIÓN DE JESÚS

La más reveladora de todas es la tercera tentación. El Diablo toma de nuevo en vuelo —y quizá sobre sus espaldas al anacoreta hambriento y lo transporta a la cumbre de un monte. "Y el Diablo, llevándolo a lo alto de un monte le mostró en un instante todos los reinos del mundo y le dijo: Yo te daré toda esta potestad y el esplendor de estos reinos, porque me han sido dados y yo los doy a quien quiero. Si tú, pues, te prosternas delante de mí para adorarme, todo será tuyo". (Lucas, IV, 5-8). Aquí se manifiesta a todas luces el fondo más hondo del ánimo de Satanás. Ya no es aquí un jactancioso o un usurpador: Dios le ha hecho de verdad "príncipe de este mundo", y es verdad, que todos aquellos reinos extendidos entre las montañas y los mares son suyos. Él puede darlos a quien quiera, cederlos, cambiarlos. Pero aquel dominio universal no le basta, no le consuela lo bastante de su insolente sueño fallido de otra dominación bien distinta. Él no quiere reinar, sino que quiere ser adorado; no le basta ser el monarca de la Tierra, quiere ser Dios delante del cual hasta el Hijo de Dios deba prosternarse. Y por eso está pronto a entregar a Jesús el imperio del mundo con tal que Éste reconozca su divinidad, lo adore de hinojos y le conceda en fin lo que tanto ha deseado desde el día lejanísimo ya de su rebelión contra el Creador. Si Jesús, es de veras Hijo de Dios y accede a prosternarse en acto de adoración, Satanás obtendrá al fin su revancha. Renuncia al principado, pero para obtener la paridad con Dios éste es el cambio que propone a Jesús, prueba a la vez de la supervivencia obstinada de su antiguo deseo y prueba también de su estulticia ciega e insolente. ¿Cómo podía él pensar que Cristo, el Primogénito del Padre, venido a la tierra para rescatar a los hombres esclavizados de Satanás, se iba a dejar tentar por la oferta de los reinos e iba a adorar, de rodillas, al enemigo de Dios y del género humano?

También esta vez Jesús replica con una cita del Antiguo Testamento: "Pero Jesús le respondió: "Adora al Señor tu Dios y a Él sólo rinde culto"". *(Deuteronomio,* VIII, 13). Es una de las afirmaciones del monoteísmo judaico que se contrapone al dualismo iránico. El mismo Satanás no admitiría ser un Dios al lado de otro Dios, sino que quería serlo solo, y el viejo Dios desposeído, tendría que ser el primero en postrarse delante de él.

Después de esta tercera repulsa el Diablo dejó solo a Jesús. Aunque no para siempre. Habría de volver aún y a horas más propicias. "Y el Diablo, cuando hubo acabado toda clase de tentaciones, se alejó de Él por algún tiempo, *hasta mejor ocasión"*. (Lucas, IV, 13).

DE CÓMO CRISTO SUBLIMÓ
LAS TENTACIONES DEL DIABLO

Jesús, pues, ha rechazado las tentaciones del Diablo: esas pruebas que con todo no eran más que un prólogo necesario, impuesto por el espíritu, a sus actividades liberadoras. Pero no estará de más observar que Jesús no da señales de animosidad y de cólera hacia el tentador. Le responde con palabras breves, pacatas, con palabras que no son suyas, sino con aquellas que ya el Padre había inspirado a sus amanuenses terrestres. Nada hay en la actitud de Jesús que acuse un sentimiento de repugnancia, de susto, de espanto. Cristo no es —y no podía ser—, un amigo de Satanás. Rebate seca y resueltamente sus propuestas, pero después de haberse dejado llevar dócilmente por el enemigo que lo transporta en vuelo a la cima de una montaña y a lo alto del templo. Habría podido huir, habría podido conjurarlo —como hará más tarde con los fariseos y con los mercaderes—, habría podido fulminarlo con un solo gesto de su mano. El Hombre-Dios, se comporta de manera más humana y más divina. Soporta pacientemente durante sus buenos cuarenta días, su compañía: escucha placenteramente sus intenciones: replica a tono, pero con otras palabras a sus palabras. Y esto confirma que las relaciones entre Dios y Satanás no han estado interrumpidas del todo después de la caída, y que Cristo está dispuesto a enseñarle a él como a los hombres.

Pero aún podríamos ir más lejos. Se podría pensar que Cristo no olvidó las tentaciones de Satanás y que quiso después hacerlas suyas bien que de manera muy distinta e infinitamente más sublime.

Recordemos la primera tentación. El Diablo pide una trasmutación, un milagro: que lás piedras se conviertan en panes. Cristo no quiso obrar aquel milagro, pero después, cuando llegó la víspera de su muerte, anunció y realizó, para todos los siglos, una doble trasmutación, aquella misma a que asistimos cada día. Quiso que el pan se hiciese su carne y que el vino se hiciese su sangre. La trasmutación ¿no es acaso una respuesta divina, a la petición de Satanás?

La segunda tentación, como hemos visto, fue la invitación a precipitarse desde lo alto hacia abajo. Jesús no se dignó realizar aquel fácil portento, pero más tarde, después de que Él hubo dado a sus discípulos las pruebas de su resurrección de los muertos, quiso lanzarse a los aires. Pero en vez de volar de arriba abajo como se lo había pedido Satanás, hizo lo contrario: se elevó sobre la tierra hacia el cielo: al descenso propuesto por el tentador respondió victorioso con la Ascensión.

En la tercera tentación el Diablo ofrece a Jesús todos los reinos de la tierra y "su esplendor". Jesús no quiso ser nunca rey. Una vez que querían hacerlo rey, nos cuenta Juan (VI, 15), Él se escondió y huyó. Y a Pilatos que le interroga, le responderá con las famosas palabras: "Mi reino no es de este mundo".

Y, sin embargo, Jesús ha querido asimismo ser emperador de todos los pueblo. Mandará a los apóstoles y a los discípulos marchar a todos los países de la tierra para llevar su mensaje. Deseaba —y aún desea— señorearse de todas las almas de los hombres y ser reconocido y adorado en todos los lugares como Señor. No le importan los cetros, las coronas y las riquezas de los príncipes, pero desea conquistar aquel "esplendor" más verdadero y cierto que aparece y puede aparecer en los espíritus humanos. Cuando sea el señor de las almas de todos los habitantes de los reinos de la tierra ¿no se habrá convertido realmente en más rey que los reyes y en más emperador que los emperadores? Estos poseen solamente las tierras, las casas, los vestidos, los cuerpos de sus súbditos; pero Cristo, cuando la ciudad de Dios se haya hecho tan grande como el mundo, será más poderoso que todos los poderosos, porque poseerá las almas a las cuales obedecen todas las formas de vida.

Las tentaciones del Diablo son y serán, una por una, sublimadas, transfiguradas por Cristo, con un sentido nuevo y un orden indiscutiblemente más excelso. Las tontas engañifas del Diablo se convierten, para menoscabo y despecho suyos, en divinas realidades.

Quizá la necedad materialista de las tres tentaciones no es totalmente ingenua sino señal de refinada malicia. Satanás, según el testi-

monio humano y divino, es un espíritu astuto y no habría propuesto
aquellos tres prodigios, más dignos de un mago que de un Dios, si no
hubiese tenido una pérfida intención. Él no estaba totalmente seguro
de que el Hijo de María fuese el Hijo de Dios y pensó que si Éste hubiese realizado los milagros por él sugeridos habría revelado su naturaleza inferior, demasiado humana, se habría disminuido a sus ojos y
le habría dado la confirmación de que en aquel solitario famélico no
podía estar la segunda potencia divina. Jesús dio a Satanás la prueba
de su divinidad, negándose a realizar aquellos milagros, y sólo más
tarde, como hemos visto, se inspiró en aquellas tentaciones, bien que res-
pondiendo de muy distinto modo, con aquella alteza de miras que es propia del verdadero Dios.

35
¿CRUCIFICARON LOS DEMONIOS
A CRISTO POR IGNORANCIA?

En la primera epístola de San Pablo a los corintios (II, 8), leemos una sorprendente noticia que merece ser meditada:

"Nosotros exponemos la sabiduría de Dios, misteriosa y oculta, que Dios desde la eternidad había destinado para nuestra gloria y que ninguno de los príncipes de este mundo ha conocido, porque, si la hubiesen conocido, no habrían crucificado al Señor de la Gloria".

En el lenguaje de San Pablo los "príncipes de este mundo" son verdaderamente los demonios: éstos, pues, habían hecho crucificar a Jesús: no lo habrían hecho crucificar, de haber conocido el secreto designio de Dios, anterior a los siglos, o sea al tiempo. Aquí surgen las dificultades.

Los demonios, antes de ser tales, fueron ángeles y sabemos que, según muchos teólogos, a estos primeros seres, todo espíritus, fueron comunicados los más profundos misterios de la idea divina. Tanto es así que según algunos, la rebelión de Satanás fue suscitada por los celos, cuando supo que había sido creado el hombre y que Dios habría de amar a esta criatura hasta el punto de transformarse en víctima para salvarla. Pero los demonios, según San Pablo, no habían conocido ni podían conocer los misterios del mesianismo y de la encarnación y, sólo a causa de tal ignorancia, habían hecho crucificar al Hijo de María.

Pero si esto es verdad ¿no podría repetirse para los demonios la plegaria de Cristo mismo en el Calvario, "Perdónalos, Padre, porque no saben lo que hacen"?

La ignorancia, cuando es debida, como afirma el apóstol a propósito de los demonios, a la divina voluntad no puede ser pecado ni culpa. Más aún ¿no podríamos llegar a la paradoja suprema de afirmar que el Diablo en la tragedia de la Pasión fue el único inocente?

36

EL BESO DE JUDAS

Un poeta italiano, muy poco conocido aún o casi desconocido, Fernando Tirinnanzi, autor de *Catalina* y de *Canossa,* fue el primero, muchos años ha, en abordar el problema del beso de judas. ¿Por qué el traidor escogió aquel modo inaudito para entregar a la víctima a las gentes armadas que irrumpieron en la noche, en el huerto de Getzemani? ¿No había otras maneras más sencillas y más naturales para obtener el mismo fin? Los evangelistas nos dicen concordes que Satanás entró en Judas la noche de la cena. Judas, pues, estaba poseído por Satanás: era, en aquel momento, la oeste y forma humana de Satanás. Judas que besa a Cristo es Satanás que besa a Dios. Hay, pues, en la tragedia de la Pasión, otro encuentro entre el Redentor y el adversario, un contacto corpóreo y no solamente corpóreo.

¿Cuál, pues, es el verdadero significado de ese beso, de ese último beso que recibirá Jesús? Éste sabía que Judas era Satanás y, sin embargo, cuando lo vio adelantándose en la sombra, lo llamó con el dulce nombre de amigo: "Amigo, ¿qué has venido a hacer aquí?" (Mateo. XXVI, 49).

Fernando Tirinnanzi ha intentado la solución de este misterio. Nos dirán que se trata de una fantasía de poeta; pero acaso los poetas ¿no han sabido penetrar los secretos divinos más profundamente que los doctos escribas? Pero ahora dejémosle a él la palabra.

"El momento supremo de la Pasión sufrida por Cristo, el fin que le preparó el Eterno, atormentándose en el tiempo, fue el beso de judas. Por aquel beso, sobre todo, Dios baja y se encarna sobre la tierra.

"Releamos al evangelista (Juan, XIII, 26-27). Era la última cena: Jesús se sentaba a la mesa con los suyos: y después de haber mojado el bocado, se lo dio a Judas, hijo de Simón Iscariote. Entonces, después de aquel bocado, Satanás se posesionó de él y Jesús le dijo: *Haz pronto lo que tienes que hacer"*.

"¿Qué sobrehumana y supradiabólica potencia hay en aquel bocado y este mandato? Nosotros sólo sabemos que Satanás estaba allí para apoderarse de un cuerpo que debía hacerse traidor con un beso. Y el que aprisionaba era allí aprisionado. El divino mandato no fue para Judas, sino para él, para el adversario. Ese y no otro era el modo de la traición. Era preciso: sólo para eso el infinito se había reducido al grado de lo finito. No había otro medio por el cual los labios de las tinieblas tocaran los labios de la luz y por el cual el odio besase al amor. Y el odio se extiende como el genio de Giotto lo representó. Recordémoslo: las pupilas del Redentor son dos rayos quietos, inflexibles, dirigidos a perforar la roca de la sombra, que viva, en forma de hombre se siente atraída por una fuerza invencible que desconoce. Y los ojos, en la espera, están firmes, seguros de que un día, para siempre, traspasarán gozosamente sombra y piedra.

"Satanás fue atraído, del modo que se ha dicho ya, a besar al Hijo de Dios. Apenas, él, tocó con los labios de Aquél en que estaba la divina esencia, un estremecimiento jamás experimentado recorrió todas sus fibras. ¿Terror? ¿Desesperación? ¿Aniquilamiento? No hay palabras humanas para expresarlo. ¿Protervia gigantesca? ¿Añoranza de beatitud inalcanzable? O lo nunca esperado: ¿destrucción del yo? ¡Huir, huir! La persona en la cual se había escondido fue arrojado como un guiñapo y como un guiñapo colgó de una rama. Enloquecido el traidor, amorosísimamente traicionado, irrumpe: oscureció los cielos, sacudió con grandes temblores la tierra, y con espinas, con lanzas y con hieles destrozó sobre la cruz el cuerpo que aún conservaba aquel rostro y aquellos labios. ¿Qué más ciega locura? Forma sentido, cuerpo, ¿no eran su reino? ¿No se enfurecía, pues, no se lanzaba contra sí mismo? ¿Y qué más cuando no era posible nada ya? Volverse en aquel instante y por siempre jamás, contra sí mismo: herirse, hacerse pedazos... ¿Y un día? Un día sucumbir. Pero está allí, en sus miembros distendidos, entre los cuajarones acres de la sangre, está allí en un poco de carne intacta, donde él con Judas besó: la dislacerada noche tiene una estrella, una señal indeleble. De pronto aquella estrella se agranda desmesuradamente, inunda y esplende. Y desde el abismo, un llanto, un grito: *¡Padre, perdón! ¡Padre, bésame!*

"Entonces en las alturas, desde una cruz blanquísima, aquellos brazos que el odio clavó en el madero y los mantuvo él abiertos para abrazar en caridad radiosa, se desclavaron, descendieron para acoger al exánime implorante, al exánime inmundo: *Ven, Te he esperado tanto como el padre al hijo pródigo. ¡He llorado tanto por ti! Pero sólo una cosa te impongo: mírame, perdona. Y tú ahora, vuelto a lo que fuiste, en la luz y en el amor, ahora todo lo que el pensamiento quiso saber y no supo, todo lo verás y lo sabrás.*

"Y en la criatura un poco sorprendida, de nuevo un canto imperecedero".[1]

---

[1] Fernando Tirinnanzi. *Il Narratore forse di se stesso*. Florencia, Sansoni, 1942, páginas 159-163.

VII
EL DIABLO
Y LOS SIERVOS DE DIOS

37
EL DIABLO Y EL ARCÁNGEL MIGUEL

En la epístola católica de San Judas encontramos un relato que ilumina con luz inesperada las relaciones entre Satanás y las jerarquías angélicas.

"El arcángel Miguel, cuando contendía con el Diablo y disputaba con él por el cuerpo de Moisés, no osó pronunciar contra el enemigo conceptos en términos injuriosos, sino que dijo sencillamente: ¡Te castigará el Señor!" (Judas, 9).

Sorprende ante todo la noticia de que el Diablo pudiese alegar derechos sobre el cadáver de Moisés, nada menos que sobre el cuerpo de aquel al cual el Señor mismo había hablado cara a cara. Pero nos asombra más aún el respetuoso gesto del arcángel que había luchado heroicamente con el rebelde Satanás.

Miguel era el vencedor, el capitán de los ángeles fieles, y, sin embargo, no osa insultar al Diablo, ya condenado por Dios, ya precipitado en el abismo. "¡Oh, bondad infinita la de los arcángeles antiguos!" Podía fulminarlo con las palabras como lo había herido ya con la espada flamígera y, sin embargo, se contenta con decirle que el Señor le castigará.

Esta actitud de parte del gran adversario del adversario debe, empero, tener su razón sobre la que se ha meditado ya. Podría ser una confirmación de una hipótesis fundada sobre no pocos indicios o sea que las relaciones entre los ángeles y Satanás, aun después de la caída, no fueron tan malas como corrientemente se ha creído.

SATANÁS Y MOISÉS

El médico lombardo, Juan Rajberti —agudo y no olvidado escritor nos da en su *Viaje de un ignorante* (1857) sus impresiones sobre el Moisés de Miguel Ángel, y entre otras cosas observa: "Concedo que este coloso es majestuoso, pero con esa hórrida majestad en el aspecto fiero es con lo que el poeta ha intentado describir a Satanás".

El razonamiento de Rajberti, por extraño que pueda parecernos, no es una simple ligereza y puede desarrollarse aplicándolo lo mismo al Plutón del Tasso que a la obra de Miguel Angel.

El Buonarroti ha representado al libertador del pueblo hebreo en actitud de desdén y de cólera tales que su estatua tiene realmente aquel aspecto demoníaco.

El escultor no ha olvidado los cuernos, atributo común a Moisés y al Diablo. Pero no faltan, entre el profeta y el rebelde, otras semejanzas y relaciones.

El primer gesto de Moisés, como cuenta el Éxodo (II, 11-15), fue el de matar a un egipcio y sepultar su cadáver en la arena del desierto. En su discusión con los magos egipcios Moisés aparece como un taumaturgo dotado de una potencia infernal. En el desierto cuando los hebreos fueron atacados por sierpes ardientes, el enemigo de la idolatría enarboló en su brazo una serpiente de bronce para sanarlos. Se trataba de un acto de caridad, mandado por Dios, pero no se ha de olvidar que la serpiente, desde las primeras páginas de las *Escrituras* es el símbolo y• encarnación de Satanás. Y Moisés, a semejanza de Satanás, puede meterse incólume en el fuego: recuérdese el zarzal ardiente.

Pero podemos ir más lejos aún. San Pablo apóstol escribe: "No habrías conocido el pecado si no fuera la ley..., pues que fuera de la ley el pecado es muerto". (A los romanos, VII, 7, 8). Si el pecado, como dice San Pablo, fuera de la ley es muerto, el que promulgó la

ley, o sea Moisés, ha contribuido a introducir el pecado en las almas
de los hombres.

Se dirá que el gran salvador y legislador de los hebreos fue, en todo
esto, el mandatario y el instrumento de Jahveh. Pero esto no obsta
para que en la figura y en las acciones de Moisés estén los rasgos
que invenciblemente nos traen el recuerdo de Satanás: la sangre de
la venganza, los cuernos en la frente, la serpiente, la familiaridad con
el fuego y el sentido del pecado. Se comprende mejor ahora el relato de San Judas que hemos recordado y del cual se deduce claramente que Satanás alegase sus derechos sobre el cuerpo muerto de Moisés
y se lo disputase al arcángel San Miguel. La innegable afinidad entre
el enviado de Dios y el adversario de Dios podría ser una prueba más
de que las relaciones entre el Creador y el tentador no fueron siempre tan radicalmente hostiles, como haría creer una tradición excesivamente simplicísima.

EL DIABLO Y LOS SANTOS

En una de las obras famosas de San Juan de la Cruz —*La noche oscura del alma*— encontramos (lib. II, cap. XXI) una teoría que arroja una luz imprevista e inquietante sobre las relaciones entre el Diablo y los santos.

El místico supremo, que la Iglesia ha proclamado su doctor, enseña que la fe, cuando es plena y perfecta, reviste al alma de una túnica tan blanca y esplendente que el Demonio no puede ni siquiera mirarla y, por eso, no puede nada contra ella. Esta veste, afirma el doctor místico, es tal, que para el Demonio es más que tinieblas. Quien posea esta fe no puede por eso estar expuesto a las insidias y acechanzas del Diablo.

¿Por qué, entonces, todas las vidas de los santos están llenas de relatos de las tentaciones del Demonio? Algunos, por el contrario, han sostenido que Satanás se emperra sobre todo contra los santos ·y que los hombres no son tan tentados cómo aquellos que viven solamente en Dios.

Aquí hay una contradicción que sólo los teólogos podrían a fuerza de sutiles silogismos conciliar. O la opinión de San Juan de la Cruz es falsa —y entonces habría que acusar de error doctrinal nada menos que a un doctor de la Iglesia— o él dice la verdad y, entonces debemos concluir que ningún cristiano, ni siquiera los santos más famosos, tuvo nunca una fe tan blanca, es decir tan entera y segura como para espantar los ojos del Diablo. Al mismo Juan de la Cruz no faltaron tentaciones sensibles del Demonio como lo demuestran algunos episodios de su vida. Ni siquiera, pues, el que intenta enseñar la perfecta unión con Dios llega a poseer aquella túnica blanca de la fe que nos hace invisibles a las miradas del Diablo.

EL DIABLO EN HÁBITO SAGRADO

A diecinueve kilómetros del famoso castillo de Rambouillet, en Seine-et-Oise, el burgo de Montfort-l'Amaury es célebre sobre todo por su catedral, construida entre el cuatrocientos y el quinientos, en uno de los vitrales a colores de esta catedral está representada la tentación de Jesús en el desierto, donde, con gran sorpresa de quienes la miran, aparece el Diablo transfigurado en atuendo de santo eremita, con sayo y capucha, más con aspecto de peregrino devoto que de tentador. La única alusión a su carácter infernal se alcanza a ver en el color rojo de sus calzones. Aquellos vitrales son obra del siglo XVI y tal vez contemporánea de los primeros albores heréticos. El anónimo pintor ¿trató quizá de insinuar maliciosamente que en aquel tiempo, inquieto y corrompido, el Diablo se escondía gustoso bajo los hábitos de monjes y frailes?

Es cierto que en toda la historia cristiana —desde los eremitas de la Tebaida a los curatos de Ars— el Demonio tuvo siempre comercio con los hombres de Dios, con los religiosos y con los ascetas, ora como perseguidor y tentador ora como inquilino molesto de sus almas.

Pero dejando ya a la Edad Media, que ofrece documentos innumerables pero no siempre irrefutables, nos dirigiremos sin salir de Francia, al "gran siglo". Uno de los casos más famosos de invasión diabólica es la del padre Jean Joseph Surin, docto jesuita, nacido en Burdeos en 1600, al cual se deben obras de profunda piedad como el *Cathechisme spiritual (1661) y Fondements de la vie spirituelle* (1669).

Este pío jesuita era un excelente exorcista y por eso fue llamado a exorcisar a las famosas Ursulinas de Loudun, perseguidas implacablemente por obsesiones diabólicas. El padre Surin hizo lo suyo y consiguió liberar a algunas monjas obsesas; pero el Diablo entonces, se las tuvo con él y se vengó cruelmente.

De esto tenemos precisamente el testimonio del mismo padre Surin, en una carta escrita por él al padre D'Attichy, jesuita de Rennes, el día 3 de mayo de 1635. El pobre exorcista cuenta al hermano de estar de continuo acompañado y dirigido por muchos diablos, sobre todo, por el tremendo Leviathan, que, junto con Lucifer y Belzebú, constituye la trinidad infernal.

"Soy dueño de muy pocos actos —relata el pobre jesuita—: cuando yo quiero hablar, se me niegan las palabras; en las misas me quedo detenido de súbito; en la mesa no puedo llevar bocado a la boca; en la confesión olvido de pronto todos mis pecados, y siento al Diablo ir y venir por mi casa como si estuviera en la suya. En cuanto me despierto ya está aquí; en la oración trastueca mis pensamientos como le place; cuando el corazón comienza a dilatarse lo llena de rabia; él me duerme cuando yo quiero estar en vela, y, públicamente, por la boca de las poseídas *se vanagloria de que él es mi maestro a quien yo no puedo contradecir en nada*".

Se trata, pues, de una posesión diabólica en toda regla. El Diablo ocupaba el alma y dominaba la vida del desventurado exorcista sin darle casi tregua. Y la posesión no fue corta: duró nada menos que veinte años, con rarísimas y efímeras remisiones. El Demonio era a tal punto dueño del alma y del cuerpo del padre Surin que una vez lo obligó a arrojarse desde lo alto de una ventana y se rompió una pierna.

Como vemos, el padre Surin no tenía nada de satánico y el ocultismo le producía un verdadero horror. Era más bien un acérrimo enemigo de Satanás que el padre Surin se esforzaba en conjurar con las sacras fórmulas y no podía tener complacencia alguna para con el enemigo de Dios y de los hombres. Con todo, Satanás habitó en él durante veinte años y solamente la vejez liberó al desventurado jesuita de aquella horrible posesión. Porque el padre Surin no fue únicamente perseguido y tentado por el Demonio, como sucede a menudo a la gente de la Iglesia y a los enamorados de Dios, sino directamente poseido, es decir, habitado por Satanás.

La primera causa que se ofrece a la imaginación para dar con la razón de semejante caso es la venganza: el Diablo quiso tomarse el desquite sobre el exorcista, su declarado adversario. Pero quizá no se trate exclusivamente de una venganza.

No hay que olvidar que Satanás es, más que nada, el enemigo de
Dios y que por consecuencia es impulsado por su odio a las tentativas
de substraer a Dios a sus servidores más fieles. Su obra maestra consiste precisamente en tomar el lugar de Dios en el alma de aquellos que
siguen y aman a Dios sobre la tierra. Es su gran victoria, la más am-
bicionada que le consuela de su caída. Y como él es, por naturaleza,
maligno e hipócrita, debe experimentar una aguda y profunda voluptuosidad cuando consigue adueñarse de un religioso y cuando logra
pavonearse por los caminos del mundo bajo el sayo de un cenobita o
bajo la veste talar de un sacerdote de Cristo.

4I
¿DOS PAPAS EN RELACIÓN CON EL DIABLO?

Muchos amigos tuvo el Diablo, en todos los tiempos entre los hombres. Y entre ellos hemos de contar, si hemos de dar crédito a antiguos testimonios, nada menos que a dos pontífices de la Iglesia católica.

El primero es Juan XII, hijo de Alberico II y sobrino de la famosa Marozia, el cuál fue papa desde el 954 al 964. Subió a la silla de San Pedro siendo todavía muy joven y su vida no fue nada ejemplar. En la *intimidatio* que el Sínodo romano del 963, convocado por el emperador Oton, envió para que compareciese y se justificara, se leen entre otras cosas estas palabras: "Sabed, por tanto, que no pocos, sino *todos, laicos y sacerdotes,* os han acusado de asesino, de perjuro, de profanador de iglesias, de incesto con vuestras parientes y con dos hermanas. Han declarado otras cosas que repugnan al oído, por ejemplo que vos, al beber *brindáis al Diablo (diaboli in amorem)* y que, al divertiros, invocáis a Júpiter, a Venus y otros (*caeterumque daemonorum*)".[1]

Las acusaciones son graves y vienen de los enemigos de Juan XII, pero será necesario reconocer que no todo podía ser pura invención, tratándose de un documento redactado por un Sínodo en el que tomaban parte cardenales y obispos, recogido además por Liutpranndo, hombre docto y obispo de Cremona. Por lo que sabemos de las costumbres de la Roma del siglo x —y en particular del padre de Juan XII, Alberico II, y de la señora Marozia— se nos antoja digno de todo crédito que

---

[1] Liutprannndo, *Liber de rebus gestis Ottonis Magni Imperatoris* (en pertz. Mon. Germ. Script. III, 343). La intimidación del Sínodo se reproduce en F. Gregorovius, *Storia della citta di Roman el Medio Evo.* Trad. de R. Manzato, Turín. Sten, 1925 (vos. II, t. I, página 51). Se halla también en A. Fraf. *Miti, leggende e superstizioni del Medio Evo,* Turín, Chiatore. 1925, página 297.

Juan XII no tuviese madera de santo. Y es muy presumible que, una vez presa del vino, brindase a la salud del Diablo e invocase a aquellos dioses paganos que en la Edad Media eran tenidos como demonios.

De otro papa, posterior a éste, y más célebre, de Silvestre II se dijo que tenía comercio con Satanás. Gerberto de Aurillac había residido y estudiado largo tiempo en España y en Toledo florecían, a la sazón, en la Edad Media, las artes mágicas. Silvestre II, que fue papa desde el 999 al 1003, fue un hombre doctísimo no sólo en teología y, tal vez, su pericia en muchas ciencias, hasta en las profanas, le procuró la fama de mago. Él había sido discípulo de Teofilatto, después papa Benedicto IX, que por lo que se decía adoraba a los demonios y con su ayuda seducía a las mujeres. Se encuentra una alusión a la magia de Silvestre II en el poema de su contemporáneo, escrito en el 1006, el famoso Adalberone, obispo de Laón. Pero el primero que se ocupa ampliamente de las relaciones de Gerberto con el Diablo es Beno, o Benone, que había desertado del partido de Gregorio VII y escribió poco después, en 1088, dos violentos opúsculos, reunidos bajo el título de *Gesta Romanae Eclesiae contra Hildebrandum*, en los cuales nos habla también de Silvestre II, cuya muerte nos cuenta en estos términos: "Su diablo le había dicho que no moriría hasta que celebrase misa en Jerusalem". El papa, naturalmente, creyó que se trataba de la ciudad de Jerusalem y un día se trasladó para celebrar la misa en una iglesia de Roma, que se llamaba precisamente, Santa Cruz, en Jerusalem —iglesia antiquísima fundada al parecer por la emperatriz Elena y que aún existe— y se sintió acometido por un desfallecimiento y se creyó que se iba a morir. "Viéndose venir encima la muerte —continúa Benone— suplicó que le cortasen las manos y la lengua, con las cuales, al sacrificar a los diablos, había deshonrado a Dios".[2] ¿Se trata también en este caso de una leyenda? Benone era enemigo acérrimo de Gregorio VII, pero había nacido realmente después de la muerte de Silvestre II y no podía tener motivos de odio hacia él. El hecho es que el relato de los poderes mágicos de Gerberto —y por ello sus relacio-

---

[2] Las obras de Benone fueron publicadas primero por Enea Silvio Piccolomini (Basilea, 1529), el futuro Pío II. Se reproducen ahora en *Mon. Germ. Libell.* Hannover, 1892. t. II, páginas 379-403.

nes con el Demonio— fue reimpreso y confirmado por muchos escritores hasta el siglo XIII.

Lo mismo en el caso de Juan XII que en el de Silvestre II se trata probablemente de leyendas. Pero es muy importante y significativo el hecho de que esas acusaciones no se lean en colecciones de fabulillas y de chistes, sino en textos de carácter histórico, y debidos, téngase en cuenta, no a laicos sospechosos o herejes declarados, sino más bien a altos dignatarios de la Iglesia. Nos parecerá sobremanera extraño a nosotros, hijos de este siglo, pero es así. Un obispo como Liutpranndo y un cardenal como Benone creían y afirmaban que un papa hubiese brindado al Diablo y que otro papa sacrificase al Demonio. Tales hechos suscitan su indignación, los sostienen por verdaderos y posibles y no dudan de referirlos en obras destinadas a ser leídas principalmente por el clero. No aparecía, pues, increíble e inverosímil, entre los siglos X y XIII, que un vicario de Cristo pudiese tener amistosas relaciones con el antiguo adversario.

VIII
EL DIABLO Y LOS HOMBRES

42
LA TENTACIÓN DE ADÁN

Algunos espíritus audaces, dados a la búsqueda del porqué, se han maravillado de que la serpiente del Edén, tan astuta, tan sagaz, y, digamos mejor, tan animosa, haya querido tentar a la mujer —presa demasiado fácil, como se ve— y no ya al hombre. Les parece inconcebible que el gran rebelde, el retador de la Potestad suprema, hubiese escogido la vía más cómoda, dirigiendo sus palabras engañosas a la cándida Eva, la cual como sabemos no opuso dificultad alguna ni resistencia. ¿No habría sido más digno de Lucifer abordar directamente a Adán, constituido por Dios en dueño y rey de la naturaleza?

Se ha pensado, sin embargo, que el Diablo había tentado a Adán antes que a Eva y que, al no conseguir persuadir al macho, se resignó a seducir a la hembra. Pero esta suposición ha encontrado su forma poética solamente en una tragedia latina compuesta por un joven de menos de dieciocho años e impresa en 1601: *Adamus exul*.

El adolescente poeta era Hugo van Groot —conocido por nosotros con el nombre de Hugo Grozio— o sea uno de los más grandes genios que había dado Holanda. Antes de consagrarse por entero al derecho y de echar los fundamentos, con su obra famosa *De Jure Beli et Pacis*, al derecho internacional, Hugo Grozio fue un humanista precocísimo. A los nueve años componía ya versos latinos; a los doce fue declarada su madurez por la Universidad. Entre los dieciséis y los dieciocho años compuso tres tragedias latinas: *Christus patiens*, *Sophomphaneas* (su José Hebreo) y *Adamus exul*. Y en este último drama es en el que el joven humanista describe la tentación de Adán. No hay que creer que esta tragedia, aunque escrita por un jovencito, haya permanecido ignorada. Milton deseó trasladarse en 1635 a Holanda para conocer a Grozio, famoso ya, y muchos críticos ingleses sostienen que el *Ada-*

mus exul sea una de las obras que inspiraron al poeta puritano de *El paraíso perdido.*

En el tercer acto de esta tragedia asistimos a un diálogo dramático entre Satanás y Adán, admirable por la invención y por la agudeza de ciertos pasajes que podrían figurar, muy bien en algún drama de Shakespeare, contemporáneo de Grozio.

El diálogo va precedido por un monólogo del ángel caído, que revela al lector sus propósitos de pérfida simulación. Apenas Adán descubre al adversario, tiene un presentimiento del peligro, se turba y vuelve la cabeza hacia otro lado. Satanás, entonces, trata de calmarlo y tranquilizarlo con hipócritas ofertas de amistad. "Es verdad —le dice— que yo he perdido la amistad de Dios mientras tú la posees aún, pero ¿estás seguro de conservarla siempre? No rechaces la mano que yo te tiendo y júrame fidelidad eterna".

Adán, indignado de tal osadía, le embiste de muy mala manera: "Rebelde, perjuro, que tu sucia mano no se acerque a la mía, que es carne pura. Yo no quiero tener otro amigo que no sea Dios. Y tú, que has merecido la condena eterna, vete lejos del que teme a Dios".

Satanás recibe, sin parpadear, la fustigante repulsa, pero dirige al hombre un reproche que no es del todo injusto: "el desdén y el rencor no convienen a los justos, a los fuertes, a los amigos de Dios. No debes odiarme, no debes despreciar la paz que te ofrece un desgraciado suplicante". "No creo —replica airadamente Adán— que valgas tú mi odio y aún menos mi amor".

Satanás pasa entonces a las amenazas: "No pienses, Adán, que no me queda poder alguno. Tú eres el dueño de la tierra y del mar, pero también me han sido dados a mí un reino y un dominio. Los dos somos reyes y ningún rey puede subestimar a sus aliados".

"Pero la tierra —responde Adán— es la morada de Dios y sólo con él tengo pacto y alianza. No busco ni quiero otros aliados".

"¿Quién me rechaza una gracia? —se yergue Satanás—. A nadie le gusta la guerra". "Quien nada teme —replica el hombre— no será tentado por la esperanza".

El duelo entre el tentador y el fiel continúa todavía y cada vez se hace más premioso. Satanás insiste en sus ofrecimientos. "Todo lo que me pertenece será tuyo". "Pero —rebate Adán— no tienes tuyo más que el mal y no puedes dar más que el mal".

El Demonio lleva su impudicia hasta querer jurar en nombre de Dios, pero Adán le recuerda que el ángel caído y maldito no puede jurar en nombre de Aquél que ha ofendido y traicionado.

Finalmente, Lucifer, viendo la inutilidad de sus insidias y mentiras, arroja la máscara y anuncia al hombre su venganza próxima y su persecución perpetua.

He compendiado lo mejor que he podido el dramático diálogo que, por la aguda dialéctica, no parece haber salido de la pluma de un poeta de diecisiete años. Pero más que el genio de Grozio nos importa ahora el tema de la tentación tan distinto del proclamado por el Génesis. Satanás, hablando con Eva, promete la idenficación de la criatura humana —*seréis como dioses*—, mientras en esta primera tentación fallida propone al hombre, en lugar de la desobediencia de Dios, algo muy distinto: su amistad y su alianza.

Posiblemente sabía que Adán era más incrédulo que Eva y no habría dado crédito a sus promesas de ser transformado en un ser divino, semejante o igual al Creador. Pero, al ofrecerle una estrecha alianza con el gran rebelde, con el condenado, con el príncipe y con el principio del mal, ¿no trataba acaso de asociarlo a su rebelión, de hacer de él un enemigo de Dios?

Adán, según el joven poeta de Delft, rechazó tenazmente la dolosa proposición de la infame alianza, pero los descendientes de Adán —los hijos de la caída— no siempre la rechazaron. Aún hoy, sobre la tierra, son en gran número los hombres que han aceptado aquella alianza, o la han solicitado, y son fieles a la amistad de Satanás mucho más que los cristianos de baja talla que demuestran no ser amigos de Dios.

43

ADÁN PREMIADO

Ningún punto de la doctrina y de la tradición católica sorprende y confunde a una inteligencia calculadora y analítica tanto como el destino de Adán después de su muerte.

Véase si no: Adán fue el primero en caer en la tentación de Satanás y su caída fue tanto más grave y culpable por las razones que todos conocemos. Primero, porque estaba dotado de virtudes sobrenaturales que debieran haber agudizado su inteligencia y fortalecido su voluntad: segundo, porque no opuso, según los textos revelados, resistencia alguna a las promesas de la serpiente, y, finalmente, porque su caída no degradó, hirió y corrompió solamente a su persona, sino que alcanzó a todos sus descendientes y, como dice San Pablo, hasta la naturaleza entera. Él habituado a hacer uso de su razón natural se percataría de que este culpable, no solamente el primero sino el mayor de todos, tendría que ser castigado por la Justicia divina de un modo drástico e inusitado. Y no es así. Con asombro vemos que fue todo lo contrario.

El mismo Creador, después que Adán hubo cometido el más grande de los pecados posibles, le dejó ir con increíble indulgencia y le conmutó la pena de muerte por la de destierro. Siendo así que el mismo Dios cuando puso al hombre en el Paraíso le dijo: "Puedes comer de todos los árboles del Edén, pero no comerás del árbol del conocimiento del bien y del mal porque el día que comieres de él morirás ciertamente". (Gen. II, 17).

El Creador, pues, por un sentimiento de piedad por Adán o por otras razones desconocidas para nosotros, llegó al extremo de anular su decisión perentoria de la víspera.

Pero eso no es todo. Adán vivió sobre la tierra novecientos cincuenta años y cuando·murió su cuerpo fue enterrado, según viejas leyendas, en las entrañas del monte que luego fue el Gólgota. Y Adán durmió en el silencio de la tierra milenio tras milenio, pero apenas Cristo resucitó, después de la crucifixión, de entre los muertos, su primer cuidado, según testifican San Pedro y San Pablo, fue el de descender al reino de los muertos, para sacar de él las almas de los patriarcas y de los justos y el primero entre éstos a Adán, para conducirlas consigo al cielo, lugar de la salvación y de la beatitud.

Esta liberación del limbo, que nos ha sido ampliamente contada en el *Descensus Christi ad Inferos* y que se encuentra generalmente unida al Evangelio de Nicodemo, fue aceptada por la Iglesia, por la piedad popular y por la escolástica. Dante mismo (Inf. IV, v. 53-57) hace relatar a Virgilio la bajada triunfal de Cristo al Limbo:

> ...vi venir a un poderoso
> con lauros de victoria coronado,
> para sacar el alma del primer padre,
> de Abel su hijo...

Adán, pues, el primer pecador fue también el primero en ser premiado con la ascensión al Paraíso después de la resurrección del Salvador. Tan es verdad que Dante lo encuentra en el paraíso, camino del cielo constelado, donde participa en el triunfo de Cristo. Y es precisamente en el diálogo entre Dante y Adán en que el primero de los mortales intenta una explicación de su culpa.

> ¡Oh, hijo mío, no gustar del árbol
> fue para mí el origen de tanto encierro,
> sino solamente traspasar la raya.

En estos tres versos (Parad. XXVI, 114-118) Dante no hace más que resumir una opinión del Doctor angélico, según la cual el pecado de Adán no fue de gula, sino de soberbia, lo cual hace la culpa aún más grave. (Santo Tomás de Aquino, *Summa Theologica*, LI, 163, 1, 2).

Y esta culpa que Adán no trata de disminuir no le impide brillar junto a los santos más gloriosos en lo alto de las esferas celestes.

La fama de la salvación de Adán estaba tan arraigada en el mundo cristiano que la Iglesia griega instituyó una fiesta para San Adán y Santa Eva, la cual se celebraba el 19 de diciembre. Tal fiesta fue, al parecer, aprobada por la iglesia de Occidente, pues que se halla registrada también en los bollandistas y los diccionarios agiográficos, aprobados por Roma. Un martirologio romano establece la fiesta de San Adán en lugar del 19 de diciembre, el 24 de abril; otros, por último, la recuerdan en la semana de septuagésima, del 18 al 23 de enero.

En Jerusalem, en las faldas del Calvario, existía un oratorio dedicado a San Adán, que estaba regentado por sacerdotes griegos, los cuales, empero, no habían adoptado para su culto el incienso porque, tal vez por un resto de lógico escrúpulo, no consideraban a Adán igual a los grandes santos. Esta capilla fue visitada por el padre Francisco Quaresmio, un famoso franciscano lombardo que vivió muchos años en Oriente en los primeros decenios del 1600 y la describió en su famosa obra *Elucidatio Terrae Sanctae historica theologica et moralis* (Antwersiae, ex officina plantiniana; 1630, 2 vol.).

Un lugar llamado capilla de Adán existe aún hoy en las faldas del Calvario, pero no se celebra en él culto alguno.[1]

La glorificación póstuma del gran pecador es ahora perfecta: el que arrastró en su caída al género humano al ceder a la tentación del Diablo fue premiado por la indulgencia del Creador que, después de haberlo condenado a muerte, lo hizo sobrevivir más de nueve siglos; fue premiado por Cristo que lo sacó de las oscuridades inferiores para elevarlo hasta el Paraíso; fue premiado por la piedad cristiana que lo inscribió entre los santos y le dedicó, por lo menos durante algunos siglos, un verdadero culto propio. Estas altísimas recompensas concedidas por Dios y por los hombres a aquél que, según la teología, es el primer responsable de nuestra servidumbre a Satanás, son realmente tales que asombran a todas las almas piadosas no exentas del uso de la razón. Y lo más extraño es que ningún teólogo ha sabido aún darnos una explicación convincente de esta paradoja inverosímil.

Queda, pues, en el misterio esta apoteosis del primero y mayor culpable, en un misterio que hace entrever arcanos aún más misteriosos. Se podría, en efecto, deducir que el obedecer a una loca tentación de Satanás no es un pecado tan grave como afirman y lo consideran los

---

[1] Meinstermann, *Nouva guida di Terra Santa,* Florencia, Alfani e Venturi, 1925, página 149.

más, ya que Adán fue en principio castigado con la menor de las penas previstas y luego salvado por el mismo Redentor, para ser, por último, exaltado a los altares. Y de esto podría deducirse aún otra verdad: que la misericordia divina es a tal grado ilimitada que premia, además de que perdona, al que permanece víctima de una tentación diabólica.

44

EL CALCAÑAR DE EVA

El texto más antiguo acerca de las relaciones entre el Diablo y la mujer es el del Génesis (III, 15). El Señor dirigió a la serpiente después de la caída de la pareja, estas palabras: "Y pondré enemistad entre tú y la mujer, y entre tu simiente y su simiente: ésta te quebrará y tú le quebrarás el calcañar".

Este versículo fue llamado el Protoevangelio porque, contenía la oscura profecía de la redención: el hijo de la mujer o sea María, quebrantará la cabeza de Satanás.

En verdad, las palabras divinas son bastante más misteriosas y no parecen claras a una primera lectura. Parece muy extraña ante todo la amenaza que abre la sentencia. Es Dios mismo, pues, el que pone, o mejor, interpone y alimenta la enemistad entre la mujer y la serpiente. Se podría pensar, por esto, que dicha enemistad no existía antes y que la mujer modelada por las manos mismas del Creador, se hizo en seguida amiga del Diablo. La condescendencia inmediata de Eva a las promesas de Satanás induce a creer que esta amistad existía ya desde los primeros instantes de su vida. Lo que ha sucedido después durante los milenios siguientes sobre la tierra nos hace pensar que no haya existido una verdadera enemistad entre las hijas de Eva y los hijos de Lucifer, a despecho del mandamiento del Señor, ni siquiera después de la venida de Cristo.

Hemos recordado que casi toda la literatura cristiana del medievo sobretiende una estrecha colaboración entre el Diablo y la mujer. La mujer, según muchísimos clásicos del ascetismo, es el instrumento de perdición predilecto del gran adversario. Ha sido definida muy a menudo como la trampa y el lazo de que se sirve Satanás para procurarse, por medio del pecado de la carne, las almas. Las tentaciones más comunes contadas e imaginadas en torno de los anacoretas y grandes penitentes son mujeres que tratan de inducir a los santos a traicionar a su Dios. Las mujeres, según el testimonio de los santos y los doctores, son las proveedoras más laboriosas de carnaza infecta a las llamas del infierno. El pecado máximo de Satanás, según los teólogos, era la soberbia; en cambio, según los moralistas, los predicadores y los místicos del alto medievo, los hombres se hicieron presa de Satanás por medio de la lujuria.

Se necesitó la revolución poética de las cortes trovadorescas y del dulce nuevo estilo para contraponer la mujer angélica, capaz de subir a las almas a Dios, a las desnudas tentadoras de la Tebaida. La infame Circe de las leyendas medievales se transformó, gracias a la poesía, en la Beatriz, de Dante, que sonríe a su poeta desde el esplendor del empíreo. Pero esta revolución triunfa sólo en el mundo de la literatura. Los moralistas cristianos, aun en nuestros días, continúan señalando la sensualidad provocada por la mujer como una de las causas principales de la putrefacción y de la muerte de las almas. De ahí que no alcancemos a ver en qué forma la mujer ha verificado la profecía de su creador. La guerra entre el Diablo y la mujer no ha sido tan continua e implacable como era de suponer por las palabras del Génesis. Y en el mundo cristiano ha habido más brujas que brujos, más hechiceras que nigromantes, más endemoniadas que posesos. Ninguna criatura se ha vanagloriado de la amistad y de la protección de Satanás como la mujer. Ninguna criatura se ha esclavizado y se ha prostituido a él tanto como las descendientes de Eva. No todos saben que al lado de la leyenda del Fausto hay también la leyenda de la dama que aceptó placenteramente vivir con el Diablo durante muchos años obteniendo de él placeres y favores de toda especie. Esta leyenda ha dado origen a una de las obras maestras de la antigua literatura holandesa, la famosa *Marieken van Nimwegen,* compuesta al parecer alrededor del 1500 y que acaba, como el *Fausto,* con la salvación de la heroína.

Pero como ninguna palabra de Dios puede ser formulada en vano, nosotros esperamos aún que se cumpla esa oscura profecía. Y acaso los hombres se den cuenta algún día de que la mujer los salvará de Satanás, bien que de un modo muy distinto al señalado por las palabras del Génesis, las cuales cobrarán entonces su significación divina: se puede aplastar también a un enemigo con el exceso del amor.

Es necesario no olvidar que en la mujer, ser más simplista pero más violenta y decidida en las reacciones espirituales, se encuentran los ejemplos más notables de las posiciones extremas. Entre las mujeres no se encuentran solamente las más furibundas siervas de Satanás, sino también las más fervorosas enamoradas de Dios. Las santas más apasionadas: las extáticas más iluminadas, las místicas más próximas a la unión divina fueron mujeres, como fueron mujeres las brujas más repugnantes y las pecadoras más exasperadas. En las mujeres que se destacaron sobre sus hermanas de sexo hay una temperatura interna desconocida casi siempre para el hombre. Coexisten en ellas dos postulados opuestos: el fuego puede ser llama que se alza hacia el cielo como una lengua sedienta de amor o puede convertirse en hoguera devoradora destinada al infierno.

Pero volvamos a la profecía del Génesis. No alcanzamos a ver cómo se podría afirmar que la mujer ha aplastado la cabeza de la antigua serpiente. Ella se ha lanzado y se lanza contra el calcañar de la mujer sin que ésta haya conseguido aún quebrar su cabeza achatada, repleta de veneno, ni siquiera después del alumbramiento de María.

Los antiguos hebreos, tal vez con la esperanza de hacer perdonar más fácilmente a Eva su pecado, decían que antes que ella Adán había tenido otra esposa, Lilith. Ésta dio muchos hijos a Adán, pero de pronto lo abandonó y se hizo la mujer del demonio Samael. Ella fue el primer demonio-mujer de la historia humana y la literatura rabínica afirma que odia por celos a todos los hijos de Eva y de sus descendientes. Tan es así que los hebreos supersticiosos, la víspera del nacimiento de un hijo colgaban por dentro y por fuera de la casa cartelitos con esta leyenda: "Aquí están Adán y Eva, Lilith, vete fuera".

Ignoramos qué se han hecho los hijos que Adán tuvo de la demoníaca Lilith y de los que ella, a lo que es de presumir, dio al nuevo marido Samael. Pero la descendencia demoníaca atribuida a Lilith, tanto con Adán como con Samael, no explica las dos dinastías humanas de buenos y malos, porque Caín, el primer fratricida, fue hijo de Eva, lo mismo que el cándido Abel.

La leyenda de Lilith no nos ayuda a dilucidar el misterio de las mujeres diabólicas y de aquellas que Pedro Giordani llamó "mancebas del Diablos en su libelo *Il pecato impossibile* (Palermo, Pedone Lauriel, 1889).

Algunos teólogos hasta el siglo XIX han creído, o por lo menos han enseñado que las mujeres pueden ser, con todo, súbcubos de demonios en forma humana,[2] pero quiero suponer que tales opiniones no sean doctrinas de fe y que hayan sido abandonadas por los teólogos modernos, ya que no hay necesidad realmente de recurrir a demonios encarnados y a lo que Giordani llama "coito diabólico" para darnos cuenta de las caídas y de las traiciones de las mujeres.

Una teoría que lleva el nombre del médico Beverland,[3] pero que es mucho más vieja que él, interpreta la primera falta del hombre en el sentido de la conjunción de los sexos y, si eso fuera verdad, ha sido justamente Eva, en tanto que mujer, la que ha introducido el pecado, o sea la victoria de Satanás en el mundo. Sus relaciones con Satanás son antiquísimas y evidentes, a pesar de que permanecen oscuras en su esencia y nos recuerdan el pensamiento sugerido por las palabras mismas de Dios que la mujer, que fue la primera en obedecer a Satanás, será también ella, la primera que en el fin de los tiempos nos liberará de este vasallaje. No nos es dado saber de qué modo se producirá esta segunda redención; nos basta la esperanza que podría convertirse en una certeza.

---

[2] Recordemos como ejemplo a monseñor don Juan Nauschel, obispo de Borgo S. Donnino (Florencia) (1836-1843) y al padre Angel Domenico Ancaray.

[3] Antonello Cerbi, *Il pecato di Adamo ed Eva,* Milano, La cultura, 1933.

45

DE QUÉ MODOS EL DIABLO
TIENTA A LOS HOMBRES

Dimitri Merezkovskij siguiendo el pensamiento del gran inquisidor de Dostoievski, ha probado ingeniosamente que los hombres son tentados por el Diablo del mismo modo que fue tentado Jesús en el desierto.

"Tiene razón el gran inquisidor: los destinos de la humanidad, desde el principio al fin de los tiempos, han sido revelados en las tres tentaciones y si no fuésemos ciegos, ahora lo veríamos tan claramente, como no lo ha visto nadie en dos mil años de cristianismo".

Merezkovskij trata de demostrar en qué formas aquellas tentaciones continuamente son propuestas de nuevo a los hombres en nuestros tiempos. Algunas de sus interpretaciones nos convencen; otras, no.

La primera tentación, la del pan, es cierto como él dice: "el poder del hombre sobre la naturaleza, la ciencia, la mecánica y la magia, el milagro del no-yo, el fin del sufrimiento físico en el mundo".

Pero la segunda, la del vuelo, no es solamente lo que Merezkovskij cree, esto es: "el poder del hombre sobre su propio cuerpo, la libertad", y la tercera, la de los reinos, no se puede entender verdaderamente como: "el amor que une al uno con todos, el milagro en el yo y en el no-yo". El formulario filosófico de molde teutón ha hecho olvidar a Merezkovskij que el Diablo no podía proponerse como fines la libertad, la unidad, el amor y el fin de los sufrimientos humanos.

Satanás ha renegado del espíritu, es todo materia y no puede aspirar más que a triunfos materiales. Según el autor del *Jesús desconocido,* Satanás aparecería, en las tentaciones, que aún hoy nos renueva a todos nosotros, como un benefactor, un salvador de los hombres de la separación y del dolor.

Además la segunda tentación es, a mi juicio, francamente material. Satanás es profeta. Y como en la primera, la de la trasmutación de las piedras en panes, Satanás ha adivinado los prodigios de la física y de la química modernas, que llegan hasta obtener síntesis de substancias orgánicas de materia inerte, así en la segunda, el Diablo ha profetizado el actual dominio del hombre sobre la gravedad. El sueño del hombre, desde Ícaro a Simón Mago, fue siempre volar, poder irrumpir libremente en los aires a su antojo, sin correr el riesgo de caer a tierra. Uno de nuestros sueños más corrientes es, en efecto, el de volar, liberar nuestro cuerpo de la costra terrestre. La conquista del cielo material es uno de los símbolos de poder que más seduce y embriaga a los hombres que, en este siglo, la han obtenido por fin, cediendo a la tentación diabólica. Los aviones a retropropulsión y de velocidad ultrasónica y sobre todo los paracaidistas no son otra cosa que el resultado de la obediencia del hombre a la segunda tentación de Satanás. Y prueba de que los aparatos que nos permiten vencer la gravedad, navegar en el cielo y descender sin daño de las grandes alturas se deben a inspiraciones satánicas, la tenemos en el hecho mismo de que sirven y servirán más aún para sembrar el mundo de ruinas inmensas y de muertos incontables. El vuelo no trae la libertad, como pensaba Merezkovskij, sino la servidumbre y el estrago. El fuego destructor como anunciaba ya el Apocalipsis, desciende ahora del cielo, porque los hombres han aprendido a volar.

La tercera tentación, la de los reinos, tiene también un carácter político y no espiritual. Se trata de reunir a todas las naciones de la tierra bajo un solo dominador, bajo una sola dictadura. En los tiempos de Jesús existía un imperio, el de Roma, que parecía a los pueblos de las tierras del Mediterráneo, inmenso y universal. Pero nosotros sabemos que apenas alcanzaba a una pequeña parte de la tierra habitada; vastísimos imperios como los de Oriente y continentes enteros no descubiertos aún, como América y Australia quedaban fuera de ese imperio. Hoy, empero, sabemos todos que un imperio verdaderamente universal es posible. Se han descubierto todas las tierras, yermas y habitadas, y el mundo está partido en dos grandes confederaciones poderosísimas de Estados. Estos dos gigantes armados se miran con recelo y se hacen frente el uno al otro en todas las zonas de los dos hemisferios, esperando el momento de la batalla final que dará el dominio mundial a uno solo o pondrá fin para siempre a la vida sobre la tierra. La posesión de todos los reinos e imperios, que Jesús rechazó en la montaña, es ahora codiciada por dos hegemonías opuestas.

Es de advertir, sin embargo, que la unión de todos los hombres en un solo imperio no es, de por sí, programa demoníaco y lo soñaron entre otros, Dante y Campanella, Leibniz y Kant, los cuales no fueron espíritus demoníacos. Pero son francamente diabólicos los medios, los modos y los instrumentos mediante los cuales los dos protagonistas presentes se proponen conseguirlo y efectuarlo, o sea la mentira, la violencia, la revolución y la guerra.

Hay abiertos dos imperios al género humano: el eterno reino de los cielos por Cristo y el universal reino sobre la tierra por Satanás. El género humano ha escogido siempre hasta ahora el segundo: hoy más que ayer; mañana, tal vez no sepa siquiera cuál escoger, porque no conocerá más que la invitación del Diablo.

El gran inquisidor de Dostoievski no erró, pues, cuando dijo que las tres tentaciones de Cristo se repiten eternamente en la historia al hombre. Pero el Demonio no recurre a estas tentaciones solas contra nosotros. Hay otras, igualmente terribles, que fueron escatimadas al Hijo del Hombre.

46
LAS ENCARNACIONES DE SATANÁS

Dios ha encarnado una sola vez, en Cristo, para hacerse víctima de los hombres en beneficio eterno de los hombres. El Diablo se ha encarnado innumerables veces, en más formas y personas, y siempre en daño y menoscabo de los hombres.

De esta costumbre suya de tomar domicilio en las almas, tenemos testimonios certísimos en el Evangelio y en el de Judas se dice "que Satanás entró en él". Judas viene de esta forma a ser la primera encarnación humana del Diablo sobre la tierra.

Pero en el decorrer de los siglos se ha afirmado la naturaleza diabólica de muchos hombres famosos, sobre todo gobernantes. Uno de los primeros en ser creído encarnación de Satanás fue Nerón y, después de él, Atila, Teodorico, Ezzelino da Romano, Federico II de Suevia, Iván el Terrible, Napoleón, Hitler. Según Lutero el mismo pontífice romano no era más que el demonio con vestiduras papales. Y los católicos, de rebote, llamaron hijo de Satanás al fraile rebelde. Fueron tenidos por encarnaciones o hijos de Satanás aquellos príncipes o jefes de Estado que se entregaron a inhumanas atrocidades contra sus súbditos y que fueron adversarios y perseguidores de la Iglesia y de Cristo. Todo despiadado ejecutor de grandes carnicerías es, a los ojos de la plebe, encarnación del Diablo.

Pero ¿de qué modo se puede entender esta encarnación? ¿Se trata de una posesión diabólica transitoria e intermitente, o por el contrario de una descendencia directa del maligno?

Jornandes, en el siglo VI, afirmaba que los hunos eran procreados por demonios que se habían ayuntado como íncubos con hechiceras bárbaras. Ezzelino da Romano, el famoso y sanguinario tirano de Verona, era hijo de Lucifer, según propia confesión de la madre Adelinda.

También Roberto el Diablo, duque de Normandía en 1027, fue creído hijo del Demonio, aunque muriese en Nicea durante su regreso de una piadosa peregrinación a Jerusalem (1035). Parece, sin embargo, que envenenó a su hermano, el duque Ricardo III, y que debió su sobrenombre a la crueldad de que hizo gala en la guerra.

Estos parentescos diabólicos son, claro está, leyendas pero no son legendarias las posesiones diabólicas, de las cuales tenemos pruebas y memorias fidedignas en nuestros tiempos. No es imposible para el Diablo, según la teología, apoderarse de un alma y sustituirla en las decisiones y palabras con el fin de llevar la muerte y la perdición al mayor número posible de seres humanos. Ciertos poderosos juzgados con el criterio cristiano, obran y piensan como si Lucifer hubiese hecho permanente albergue de sus personas.

El "príncipe de este mundo", que hace tiempo no quiere mostrarse en su propia persona como hacía a menudo en la Edad Media, puede muy bien servirse de seres humanos como súbcubos y mandatarios para aumentar la apostasía y el terror sobre la tierra. La historia universal, antes y después de Cristo, confirma y no desmiente estas perversidades y encarnaciones satánicas. Pero no se ha dicho que Lucifer pueda y deba habitar solamente en los grandes de la tierra. Hay santos y hay también ahora ciertos hombres malhechores, astutos y crueles —espíritus exaltados y trastornados— en los cuales se puede sospechar la presencia del Diablo. Cualquiera de nosotros hemos podido topar con alguno de estos seres equívocos y trágicos antes que la cárcel o el manicomio los haya recibido como huéspedes. Algunos de ellos, con astucia infernal, se sustraen durante toda la vida a toda clase de sanciones. Quizá algunos de nosotros, hoy mismo, sin apercibirse de ello, sin saberlo, haya hablado con uno de estos demonios camuflados, haya hablado con el Diablo en forma humana.

47

EL DIABLO Y DON JUAN

Satanás promete a aquellos que le venden el alma, todo lo que desean y, puesto que entre los bienes más deseables para los hombres es el amor de las mujeres, no ha de maravillarnos que Fausto por ejemplo obtenga por medio de Mefistófeles la virginidad de Margarita. Pero Fausto, al igual que todos los otros firmantes del pacto demoníaco, no pide solamente la voluptuosidad del amor triunfante. Pide bastante más y de bien distinta índole, como sabemos por su leyenda y por el poema goethiano. La posesión de la mujer no es más que una de las cláusulas del pacto diabólico y no siempre la más importante: a veces es una sencilla propina a lo principal estipulado en el contrato.

La historia de las almas vendidas nos ofrece, que yo sepa, una sola excepción: la de Luis Gaufridi o Gofridi, cura francés nacido en 1550, el cual, por medio de un libro mágico que heredó de un tío suyo, también cura, entró en relaciones con el Diablo, al que, parece ser, le pidió un solo don: "el de seducir a todas las mujeres por las cuales él sufría". Y a este propósito añade un malicioso biógrafo: "no ha de sorprendernos que sufriese por demasiadas". Denunciado por la familia de una de sus más famosas víctimas —Madeleine de la Palud— fue procesado por la Inquisición y acabó quemado vivo en Aix en 1611.

Este sátiro con sotana no pidió al Diablo, pues, ningún otro poder o privilegio fuera del que podía "ejercer" sobre las mujeres para obtener de ellas, sin pérdida de tiempo, el favor supremo. Satanás se nos aparece en este episodio histórico —y bien documentado por el mismo inquisidor que condenó a Gaufridi— como un proveedor de mujeres a un insaciable "don Juan" tonsurado. Y es necesario creer realmente en un poder sobrenatural, porque hasta los sesenta años bien sonados Gaufridi conseguía retener encadenada a su persona a una mujer joven.

Tirso de Molina publicó su *Burlador de Sevilla o convidado de piedra,* que es la primera forma de la leyenda donjuanesca, en 1630, o sea pocos años después de la incineración de Gaufridi. ¿No sería quizá que el fraile español hubiese tenido algunas noticias de la gesta erótica del cura provenzal, castigado con tan horrible muerte?

Y ¿sería arriesgada la hipótesis de que el verdadero original del don Juan Español —sea el don Juan Tenorio o don Miguel de Mañara— hubiese obtenido del Diablo un don semejante al que fue concedido al simiesco cura francés?

48
EL DIABLO Y EL PARAÍSO EN LA TIERRA

Cristo dijo: "Mi reino no es de este mundo". El Diablo, pues, para combatir al cristianismo que promete la felicidad eterna sólo después de la muerte, debía recurrir, entre otras astucias, a la de hacer creer a los hombres, o al menos a la mayor cantidad de hombres posible, que se puede preparar y obtener en el futuro una especie de paraíso en la tierra, un reino de la felicidad terrestre.

Está claro, por eso, que todos aquellos que imaginan y prometen una convivencia perfecta y feliz en esta vida, aunque sea en un remoto porvenir, esto es los utopistas, los visionarios, los mesiánicos materialistas, los soñadores de un edén social, todos, en fin los que anuncian y prometen, en lugar del reino de los cielos, un reino humano y terrestre, están inspirados, querámoslo o no, por Satanás. Éste ha elucubrado también estas fantasías para que los hombres no se cuiden de su verdadero destino ultramundano y se dejen llevar, por esto, a abandonar el cristianismo.

49

HABLAR CON EL DIABLO

"Cuando nosotros no hablamos de Dios o por Dios es que el Diablo nos habla y nos escucha en un silencio formidable..."

Estas palabras fueron escritas por León Bloy y no podían ser escritas más que por el *Pelerin de l'Absolu*. Es una terrible verdad. Para el cristiano no hay más que una sola esencia y una sola existencia: la de Dios, la de Aquél que es. No se puede, pues, hablar más que a Él, acerca de Él o al servicio de Él. Cualquier otro discurso, todo discurso que no tenga por tema al Creador, su creación y su redención, no puede ser más que un discurso sobre lo que se contrapone a Dios, o sea el mal o el príncipe del mal. Hay quien habla acerca de la nada y en torno de la nada —lo que sucede, más a menudo de lo que se cree, a los oradores políticos y a los charlatanes metafísicos: pero la nada es, en definitiva, uno de los nombres del Demonio por cuanto él es el espíritu que niega y la fuerza que destruye.

Esta pavorosa verdad ilumina de una luz pavorosa la vida de nuestro tiempo. Hay todavía, en todas las partes del mundo, sacerdotes que hablan de Dios, solitarios que buscan la unión con Dios y desgraciados que se dirigen a Dios. Pero son en comparación con la muchedumbre, como alciones perdidos sobre un océano furioso y rugiente. Los discursos de los hombres —en las casas, en las plazas, en los parlamentos, en los teatros, en las escuelas, en los periódicos— son de bien distinta naturaleza. Se habla universalmente de negocios y de placeres, de dinero que ganar y de dinero que gastar, de máquinas y de tarifas, de gastos y de dividendos, de armas y de guerras, de medios para vencer el espacio y de medios para destruir lo que existe. Se habla para engañar a las mujeres y para engañar a los pueblos, para aumentar la propia fortuna y el poder, para halagar a los rivales o para amenazar a los enemigos, para hacer sonreír a los ociosos o para encantar a los refinados. Las palabras

humanas pronunciadas o impresas colaboran a los fines más comunes
de los hombres modernos: gozar y poseer, superar o suprimir.

Bloy tiene razón. Todos estos discursos son, en realidad, discursos
en torno del mal, discursos dirigidos al Diablo o que se refieren al Diablo, aunque su nombre no sea jamás pronunciado por sus inconscientes servidores. Y Satanás escucha estos discursos innumerables, repeti-
dos cotidianamente, en silencio. ¿Qué podría responder? Los hombres
hablan su lenguaje, parafrasean sus principios, obedecen a sus deseos.
El Diablo no tiene nada que decir, nada que replicar. Han aprendido
bien su lección, se ocupan de él y solamente de él, aun sin nombrarlo.
El Diablo escucha en silencio, para no turbar la disciplina de sus aliados: ya le llegará la hora de hablar.

50
EL DIABLO Y LOS IMBÉCILES

Uno de los más sutiles conocedores de la psicología diabólica entre los modernos era Paul Valéry, que era cartesiano y, además, poeta.

"El Diáblo dijo: Aquél no era lo suficiente inteligente para que yo me preocupase por él. Era un pobre de espíritu. Era tan bestia que me ha vencido. ¡Seducir a un imbécil, vaya problema! Éste no ha comprendido en lo más mínimo mis tentaciones" *(Mau vais Pensées,* página 95).

La observación es aguda pero más que nada maligna. Ante todo Valéry hace una caricatura del Diablo que, a pesar de su famosa astucia, se declara impotente ante los imbéciles. Las tentaciones ineficaces a las cuales alude el autor de *Ebauche d'un serpent,* son probablemente las intelectuales, las que hacen sucumbir las mentes más altas. Pero para los imbéciles hay otras, más groseras y bestiales que el Diablo puede usar, con menor fruición quizá, pero con la certeza de la victoria.

El pensamiento de Valéry, empero, es bastante más diabólico de lo que parece a simple vista. Valéry quiere insinuar que los incólumes a las tentaciones, o sea los "pobres de espíritu", que creen con *"santa simplícitas"* y guardan intacta la fe, son los imbéciles, que se salvan de las insidias de Satanás sólo porque son imbéciles.

51
EL DIABLO LAPIDADO

Es costumbre antigua de aquellos que son molestados por Satanás, arrojarle junto con las palabras del exorcismo los objetos que hallaban a mano: piedras pequeñas o libracos enormes. Reacción pueril, a menudo ineficaz, pero natural aun en los santos de más dulce naturaleza.

Santo no era Martín Lutero que durante su residencia en Wartburg fue tentado, asaltado y asediado, como él mismo confesó, por millares de diablos. Una vez que Satanás en persona lo fastidiaba más de lo acostumbrado el iracundo agustino cogió el tintero y lo lanzó contra el maligno. Dicen que se ve aún en una de las paredes de la celda la mancha de tinta. Los modernos teólogos luteranos no han olvidado, a lo que parece, aquel ejemplo lapidatorio. Thomas Mann en su *Doctor Faustus*, cuenta que un profesor de teología de la Universidad de Halle, Ehrenfried Kumpf, tenía la costumbre de invitar a cenar a alguno de sus discípulos y después de haber comido y bebido cuanto puede comer y beber un profesor teutón, comenzaba a cantar trasteando su guitarra. Pero esta alegría teológica no debía gustar mucho al antiguo adversario. Cedo la palabra a Thomas Mann: "Mira —gritó—. Hélo allí, en el rincón esa especie de Berlicche, el espíritu agrio y triste que no quisiera vernos alegres en Dios entre manjares y cantos. Pero no se saldrá con la suya este malvado. ¡Ahí va! —y así tronando agarró un pan y lo lanzó contra el rincón oscuro". Este episodio, según Mann, es de los primeros años de este iluminadísimo siglo XX. Las costumbres se han paganizado. Lutero descargaba contra el ángel negro el negro líquido de que se servía para escribir sus tratados. El profesor Kumpf, más bonachón, arrojaba a Berlicche un buen pan blando y dorado, el bocado que se echa a un perrillo importuno para que se vaya de nuestro lado. ¿Acaso imaginaba el profesor de teología luterana que el Diablo tenía hambre "sólo de pan"?

139

52

LA REBELIÓN CONTRA SATANÁS

Según las *Escrituras,* la fe y la teología, el hombre fue hecho a imagen y semejanza de Dios. Pero el espectáculo de la vida humana y el *curriculum* de la historia humana demuestran aun a los más fieles discípulos del doctor Pangloss, que aquella semejanza divina se ha borrado del todo. Esta pérdida de la semejanza del hombre con Dios fue debido, según enseña la Iglesia, a la caída de Adán y de esta caída el principal autor fue Satanás. Desde aquel tiempo, a pesar de los profetas y de los santos, el hombre se ha semejado siempre menos a Dios y más al Diablo. El cristianismo, entendido en su verdadera misión, debería insistir en la progresiva anulación de la semejanza con el Diablo. Pero después de casi dos milenios de la Encarnación somos aún bastante más semejantes al rebelde que al Salvador.

La experiencia cotidiana y la memoria del pasado enseñan, con pavorosa concordancia, que casi todos los hombres viven de manera completamente opuesta a los mandamientos del Decálogo y a las exhortaciones del Evangelio. Hasta los cristianos adoran más o menos disimuladamente a otras divinidades (Mammon, la materia, la idea, la ciencia, el sexo, etcétera); blasfeman a menudo el nombre de Dios; toleran, amargan, y mortifican a los padres, en vez de honrarlos; matan en la paz y en la guerra a sus enemigos; se apoderan por la fuerza o el engaño de los bienes ajenos; desean la mujer y las cosas de los otros; practican sin escrúpulo la fornicación y cosas peores.

Jesús enseñó que debemos amar a los enemigos y nosotros, en cambio, estamos prontos a odiar, o cuando menos a envidiar, a los mismos amigos. Jesús enseñó también que no se haga a los otros lo que nosotros no quisiéramos que nos hicieran a nosotros mismos. Pero seguimos la regla contraria y casi nunca damos a los demás lo que quisiéramos que nos dieran a nosotros.

El pecado satánico por excelencia es la soberbia, la presunción y la protervia. Nosotros vemos cada día a hombres que pretenden explicarnos el universo con cuatro conceptos y cuatro fórmulas; a hombres que proclaman haber conquistado, por medio de las máquinas, los atributos divinos; a hombres de escaso intelecto y de espíritu mediocre que se arrogan el derecho de dominar y guiar a pueblos y naciones y los conducen con desusada arrogancia a la esclavitud y al exterminio; a hombres sin generosidad de afectos y profundidad de pensamiento que adoptan la actitud de maestros en poesía, filosofía, moral y política. Si el Diablo es el orgullo, somos todos más o menos diabólicos.

La vida humana, por efecto de estas pertinaces desobediencias fluctúa entre la locura y la delincuencia. A veces la locura frena la delincuencia: pero más a menudo la delincuencia está al servicio de la locura y ésta apremia y justifica la delincuencia. La tercera protagonista es la imbecilidad, que, aun cuando parezca inocente, tolera y favorece, por su debilidad, la locura y la delincuencia.

Está claro, pues, que los hombres son arrastrados sobre manera a la imitación de Satanás más que a la imitación de Dios. También Satanás tiene sus mandamientos: aniquila en ti a Dios, mata a la mayor cantidad de vivientes que puedas, desahoga tu libido cuanto te sea posible, acumula todo el dinero que ambiciones. Y estos mandamientos terribles —conforme testimonia la historia de todos los pueblos y conforme vemos en los periódicos todas las mañanas— son puntualmente obedecidos por los grandes y por los pequeños de la tierra. Pero esta obediencia hace la vida de todos siempre más terrible, más dura, más peligrosa, más atroz. Las matanzas y las catástrofes de esta última mitad del siglo demuestran a qué horribles consecuencias conduce la imitación del Diablo.

Es necesario, pues, separarse de Satanás. Y más aún es necesario borrar toda semejanza con Satanás. Debemos, sin más tardanza, rebelarnos contra Satanás.

Él no ha podido destruir del todo nuestra semejanza con Dios. Siempre hubo y hay aún adversarios del enemigo: los santos y los sabios. Hasta en el peor de los dementes queda siempre un resto de razón; hasta en el más peligroso de los delincuentes hay siempre un rescoldo de bondad. Pero los santos y los sabios son raros, cada vez más raros, y, a menudo, son más perseguidos que escuchados. Y, aun entre aquellos mismos que los respetan y los honran, son contadísimos los dispuestos a seguirlos.

¿De qué manera, pues, podemos emprender nuestra rebelión contra Satanás? Los métodos enseñados por los moralistas y los ascetas en el curso de los tiempos han demostrado ser poco eficaces, puesto que la imitación y la dominación del enemigo han ido siempre en aumento. La huida de las tentaciones se ha hecho en la vida de todos casi imposible; la misma oración que en otros siglos parecía arma eficaz, ha degenerado en un ejercicio meramente labial y por eso inoperante.

Detestar al Diablo no basta. La defensa contra el Demonio se muestra cada día más vana y débil. ¿Qué hacer?

La rebelión universal contra el Diablo lo reduciría a la impotencia y esto sería el complemento de nuestra redención. Pero ¿es concebible y puede esperarse que los hombres, a despecho de las lecciones terrorificantes de estos tiempos, conseguirán librarse de su inveterada obediencia a las leyes de Satanás?

Sin embargo —hasta para nuestra misma conservación sobre la tierra—, parece improrrogable y urgente el fin de nuestra servidumbre al príncipe de este mundo. Lucifer está preparando, día y noche, nuestra ruina y nuestra destrucción: es preciso que a toda costa nos liberemos de él.

Si los hombres no son capaces de hacerse angélicos es preciso que Lucifer vuelva a ser ángel. Si los hombres son incapaces de una conversión total y efectiva no podemos contar más que con la conversión de Satanás.

Pero tal conversión ¿es posible? Él que es todo odio ¿podrá, por sí solo, hallar en sí un deseo de amor, principio de redención? Y Dios, por otra parte, ¿querrá perdonar al primer rebelde, a aquél que indujo a los ángeles y a los hombres a la rebelión? Su omnipotencia no tiene límites —ni siquiera en lo que nosotros llamamos justicia— y San Pablo nos enseñó a juzgar sabiduría a los ojos de Dios lo que parece locura a los ojos de los hombres. Dios podría obtener esa conversión, pero una conversión impuesta desde lo alto estaría en pugna con la libertad concedida por Dios a sus criaturas.

Pero los hombres que Dios mismo ha invitado a ser sus colaboradores en la redención, ¿podrán hacer algo por la redención de Satanás? Todos los días los cristianos se dirigen al Señor para pedirle que

"los libre del maligno" y ninguno piensa que esta liberación no puede venir solamente de Dios. ¿Será acaso necesario que el cuerpo místico de Cristo se ofrezca como víctima para la salvación de Satanás y
como consecuencia para la salvación de todos?

IX
LOS AMIGOS DEL DIABLO

53
MAGOS Y BRUJAS

No quiero caer en la tentación común a la que han cedido muchos de los que han tratado del Diablo, o sea gastar espacio y tiempo con los servidores mucho más que con el amo. Muchas de esas obras son más que nada excursiones eruditas y periodísticas a través del mundo infame y nocturno de aquelarres y conventículos, más que retratos con la grandeza natural de aquél que es uno de los verdaderos protagonistas de la historia divina y humana. En lugar de examinar los problemas que pueden arrojar luz sobre la figura gigantesca del antagonista de Dios, se entretienen en relatar las ambiciones y las empresas de los magos y las locuras y las porquerías de las brujas.

Toda esta titeretada literaturesca tiene solamente importancia para la historia de las costumbres y para el conocimiento de algunas singularidades extravagantes del espíritu humano, pero dice poco o nada sobre la esencia auténtica del príncipe de este mundo. Aun admitiendo como verdaderas las baladronadas de los magos, las pretensiones de los ocultistas, las gestas de las brujas y las erupciones de los posesos, muy poco lograríamos sacar en limpio de algún valor acerca de su inspirador y dueño. Como es fácil comprender se trata, bien de parásitos abyectos, bien de estafadores poderosos.

Los magos no pueden ser colocados entre los amigos de Satanás, porque ellos no lo aman y no le sirven, sino que se cuidan solamente de forzarlo con la ayuda de ciertas fórmulas y de ciertos ritos a ser su esclavo para con seguir aquellos prodigios que resultan imposibles para las simples fuerzas humanas. El ideal del mago es el de captar a un demonio o varios demonios y hacer de ellos, al menos por algún tiempo, unos esclavos obedientes. Esta concepción ambiciosa, tan ingenua como fatua, es el residuo de la magia de los primitivos y de las supersticiones aún florecientes en algunas poblaciones salvajes.

La estatura del formidable rebelde sobrepasa con mucho a todas estas prácticas pueriles, groseras y mezquinas. Todas estas historias de ciertos magos y de diablos "buenos para todo" no merecen otra conclusión que aquella bastante poco aromática contada por Cellini en una página célebre de su *Vida* en la que recuerda una evocación demoníaca a la que asistió en el Coliseo.

El caso de las brujas y de las poseídas es muy distinto. No tratan ellas de hacer del Diablo un criado del hombre. Estas mujeres se imaginan estar poseídas o ser criadas del Diablo. Eran en su mayor parte histéricas alucinadas, naturalezas pervertidas que buscaban inconscientemente en las tragicomedias visionarias un desahogo a sus instintos y a sus fantasías morbosas —sobre todo de carácter sexual— y por eso poco o nada pueden enseñarnos acerca del ser sobrenatural a quien se ilusionaban cortejar y obedecer.

En ciertos países, aun en los llamados "civilizados", fueron condenadas y quemadas vivas las brujas hasta el siglo XVIII, y era ciertamente una pena atroz e inmerecida para una perturbación mental que habría merecido más que nada una cura inteligente. Pero aquellas desgraciadas estaban tan orgullosas de formar parte de la grey diabólica que ensalzaban los privilegios milagrosos que las hacía superiores a todas las demás mujeres, y estaban tan fuertemente trastornadas por sus mismos delirios fantásticos que se hacían alegremente cómplices de la crueldad de los jueces confesando obscenidades y torpezas cometidas en el llamado *sábado* a las órdenes de su repugnante déspota infernal.

Tanto magos como brujas pertenecen, pues, a la patología de la inteligencia, del sentimiento, de la fantasía y de la pasión. Pueden contribuir al estudio de la naturaleza humana, pero no pueden enseñarnos nada sobre diabología en su sentido más estricto. Pero los hombres, aun cultos, prefieren casi siempre el pasatiempo de las anécdotas pintorescas, macabras u obscenas, que tan a menudo se encuentran en la historia de sus semejantes, a la severa meditación en torno al más terrible héroe de este poema cósmico, en el cual pusieron sus manos el cielo y el infierno.

54

EL PACTO CON EL DIABLO

No hay demonología histórica o científica, en la que no se hable prolijamente con una complacencia muy erudita de los hombres oscuros o famosos que han vendido mediante un contrato regular su alma al Diablo. En todas las obras de teatro donde Satanás figura como uno de los protagonistas, desde *El esclavo del Demonio* (1612). de Mira de Amescua, hasta el *Fausto,* de Goethe, asistimos a la estipulación de este pacto.

Cristóbal Marlowe en su *Tragical History of Doctor Faust* es uno de los que dan el texto del contrato. "En las siguientes condiciones: primera: que Fausto podrá ser un espíritu en forma, y sustancia.

Segunda: que Mefistófeles será un siervo a sus órdenes.

Tercera: que Mefistófeles le hará y le conseguirá cualquier cosa.

Cuarta: que él (Mefistófeles) estará en sus habitaciones en su casa, invisible.

Última: que él se aparecerá al dicho Juan Fausto en cualquier momento en la forma y aspecto que él desee.

Yo, Juan Fausto, de Wittenberg, doctor, con la presente cedo cuerpo y alma a Lucifer, príncipe del Este y a su ministro Mefistófeles y, además, les concedo pleno derecho, después de transcurrir veinticuatro años y siempre que no hayan sido violados los artículos supraescritos, de llevar al susodicho Juan Fausto, cuerpo y alma, carne, sangre y bienes a su mansión sea donde sea. De mi puño y letra: Juan Fausto".

No transcribo este fantástico documento por un prurito de erudición literaria, sino para demostrar hasta qué punto son estúpidos e inverosímiles estos famosos pactos. Marlowe, que era, además, un poeta de geniales recursos, no halla otra cosa mejor que imaginar este trueque ingenuo: un hombre tendrá a su servicio durante veinticuatro años un demonio y le pagará, al final, con su encarcelamiento atroz y eterno en las llamas del infierno. A pesar de la sed de saber y de poder que atormentaba al doctor Fausto ¿no es esto a los ojos de la inteligencia más mediocre, un trato entre cándidos?

Yo estoy seguro, a despecho de los testimonios y de las leyendas, de que no se han hecho nunca contratos entre los hombres y Satanás. Serían pruebas de la locura de los hombres y de la imbecilidad de Satanás. Si Mefistófeles no es un idiota y si el doctor Fausto no es un insensato no hallamos ni comprendemos por qué aceptan tales acuerdos.

¿Cuál podría ser, sobre todo, la ganancia del Diablo? Con las tentaciones más groseras él se adueña de innumerables almas: otras innumerables almas caen en sus manos sin que él haga nada por hacerlas caer. ¿Por qué habría de sostener todo ese lujo de favores y servicios para conquistar algunas almas sobre ese gran número?

Se dirá que se trata de almas elegidas y grandes que excitan su particular codicia. Pero él debe reflexionar, en cambio, que si tales almas están prontas a firmar el compromiso de aceptar el infierno a cambio de un poco de fama y de algunos placeres de la carne y del espíritu, es porque en ellas están ya el germen y la concupiscencia del mal. No hay necesidad, pues, de que el Diablo sea esclavo de sus caprichos y alcahuete de sus placeres: tarde o temprano, esos hombres tan bien dispuestos a renunciar a Dios y a la salvación caerán de por sí en el pecado y en la perdición. Bastará con esperar o todo lo más con excitar sus espíritus perversos con el toque de una tentación apropiada. Concederles señoríos sobre los espíritus del mal es una cosa superflua e inútil. Aun en el caso de que el Demonio abrigue algún temor del arrepentimiento *in extremis* del pecador, que lo sustraiga de sus garras, el Diablo debe pensar que la misericordia y omnipotencia de Dios no conocen obstáculos y que las almas serán salvadas de todo pacto, aunque se hayan firmado miles de pergaminos.

Por otra parte, ¿qué provecho saca quien promete el alma al Diablo? Si quien tal hace cree en el Demonio y en el infierno, como seguramente ha de creer, ha de creer también por lógica necesidad en Dios y en su justicia. Debe saber por esto, al firmar el pacto, que existe una beatitud eterna y una eterna condenación. ¿Y es siquiera concebible que un hombre, no trastornado por la locura, pueda desear un pacto según el cual se compromete a pagar unos pocos años de satisfacciones terrestres con una espantosa tortura física y espiritual que no tendrá nunca fin? ¿Qué son veinticuatro años ni aun cincuenta de satisfacción de las concupiscencias mentales y carnales en parangón con la eternidad? Cualquier curiosidad saciada, cualquier virgen seducida, cualquier portento efímero ¿pueden valer a los ojos de la inteligencia más ambiciosa la pérdida de una felicidad inefable y perenne?

Hay ciertamente hombres sobre la tierra que por el placer de una hora o de un día pierden para toda la vida la libertad, pero estos hombres son considerados casi siempre víctimas de un furor invencible o de una naturaleza incurablemente perversa.

Pactos semejantes al del doctor Fausto presuponen, por esto, que el Diablo sea un idiota y que el hombre sea un loco. Ambas cosas no son del todo imposibles como lo prueba la historia diabólica y la historia humana. Pero, por otra parte, el Demonio es célebre principalmente por su astucia y los que le venden el alma son por lo común hombres ricos en ciencia y en ingenio. El Diablo puede cuando quiera encarnarse en ellos y dominarlos y me parece muy difícil que se avenga a ser su servidor.

55
LOS ADORADORES DEL DIABLO

Quedan todavía sobre la tierra cerca de setenta mil adoradores del Diablo. Son los yczides, que viven en el monte Sindyar en la alta Mesopotamia. Se trata de una secta herética musulmana que venera como héroe suyo al califa Yezid, el cual hizo morir al sobrino de Mahomet Husaya.

Pero el Diablo que éstos adoran no es, como algunos imaginan, el conocido y temido en Occidente. El demonio musulmán, Iblis, se condenó, según íos teólogos del Islam, por su amor exclusivo de la idea pura de la divinidad.

Según los libros sagrados de los yezides —el *Libro de las revelaciones* y el *Libro negro*— el Diablo es, sí, un arcángel caído, pero después fue perdonado y Dios le ha confiado el gobierno del mundo y la guía de la transfiguración de las almas. Este Ángel Pavón, es por esto un ministro de la Divinidad suprema, un rebelde castigado y perdonado y digno por consiguiente de veneración y de culto.

Este Diablo podría parecer a primera vista distinto del Satanás del judaísmo y del cristianismo, pero toda la diferencia, ciertamente esencial, consiste en el hecho de que Dios le ha perdonado. También algunos antiguos padres de la Iglesia, sostienen, igual que los yezides, que fue confiado a Satanás el gobierno del mundo material y uno de ellos, Orígenes, ha sostenido que al final de los tiempos, también él será perdonado.

No estará de más añadir que los yezides veneran junto con el Diablo también al famoso Hallaj, que fue crucificado en Bagdad en el 922 después de Cristo, por su doctrina de la deificación del hombre por medio del amor puro de Dios.

La teoría de la deificación del hombre se encuentra, aunque teológicamente expurgada, también en la filosofía cristiana y puede encontrarse fácilmente su justificación en las *Escrituras*. Pero solamente en la religión de los calumniados yezides se hallan reunidos estos dos colmos paradógicos de la fe: que el Demonio se volverá ángel y que el hombre se hará semejante a Dios. Estos pretendidos "adoradores del Diablo", que adoran, empero, el perdón de Dios y la divinidad del hombre, representan uno de los testimonios más altos de la conciencia religiosa.

Sin embargo, su número va continuamente disminuyendo y apenas si se habla de ellos, como de una extraña curiosidad regional del Asia decadente y supersticiosa.

56
EL APOLOGISTA DEL DIABLO

El único entre los modernos que ha escrito una apología del Diablo, que yo sepa, ha sido un alemán, un médico tudesco, convertido desde muy joven·a la más teutona de todas las filosofías, a la de Kant.

Se llamaba Juan Beniamino Ehrard (1756-1827) y a los veintinueve años publicó en el *Philosophisches Journal* su *Apología del Diablo* (1785). Aunque tal escrito ha sido pensado durante el terror, no hay en él nada de propiamente revolucionario. Y ni siquiera de histórico y teológico: el Diablo, de Ehrard no es el Satanás del cristianismo o el Ahriman del Zarathustra o el Iblis musulmán, sino sencillamente un concepto abstracto, que se podría identificar con el de la pura malignidad. Ehrard piensa que es posible construir, al lado de la idea de una moralidad fundada sobre el bien, una moralidad, a la par coherente, fundada sobre el mal, y se esfuerza en edificarla y explicarla con lógica de filósofo y de jurista, mostrándonos los principios y las consecuencias. Se trata, pues, de la fantasía dialéctica de un kantiano y no ya de la tentativa de una herejía satánica como podría hacer suponer el título del ensayo. No vale la pena reproducir aquí los sutiles y a menudo, agudos razonamientos del joven médico filósofo. Me limitaré a reproducir la que, a mi juicio, es la parte más sabrosa del escrito de Ehrard, o sea las siete reglas de vida que derivarían de una moral consciente de la malignidad pura.

"1. No seas nunca veraz y aparenta ser tal. Porque si tú eres veraz los otros pueden contar contigo; tú les sirves a ellos y ellos no te sirven a ti.

"2. No reconozcas propiedad alguna, pero afirma que la propiedad es sagrada e inviolable y aprópiatelo todo. Si tú puedes poseerlo todo como tuyo sin notificación, todo depende de ti.

"3. Sírvete de la moralidad de los demás como de una debilidad para tus propios fines.

"4. Instiga a todos al pecado, mientras tú aparentes reconocer que la moralidad es necesaria.

"5. No ames a nadie.

"6. Haz desgraciado a todo aquel que no quiera depender de ti.

"7. Sé plenamente lógico pero no te arrepientas nunca de nada. Lo que tú has decidido una vez, realízalo sin más, sea lo que sea. Así demuestras tu entera independencia y por la equidad de tu proceder tomas las apariencias del hombre justo, lo cual te facilitará la manera hábil de hacer de los demás tus esclavos antes de que se den cuenta de ello".[1]

Cuando el ensayista kantiano se acerca, como en estas máximas, a lo esencial de la vida, se manifiesta como un buen médico, o sea un naturalista que sabe observar y prever la conducta de los hombres.

En efecto, nosotros podemos hacer, meditando sobre esta página, un extraño descubrimiento. Estas máximas, que en el pensamiento de J. B. Ehrard debieron ser ficciones hipotéticas de una moralidad basada sobre el mal puro, son hoy día aplicadas, a nuestros ojos, por gran parte de "nuestra respetable especie". Y no es aplicada solamente por pícaros y malhechores, sino por una mayoría de "personas respetables" entre las cuales no faltan hombres políticos y hombres de negocios, conductores de masas y hasta gobiernos enteros. Esto significa, si no me equivoco, que tenía razón el papa Celestino VI, cuando afirmaba que la verdadera doctrina inspiradora de la conducta de los hombres y de los pueblos —aun la de aquellos que se jactan de cristianos— es el ahrimanismo más que el cristianismo o la moral humanitaria solidarista o laica o cosa por el estilo.

La mayor parte de los hombres proclama el deseo de seguir el bien, el amor, la justicia, la verdad, las leyes morales, divinas o humanas que sean, pero después, en la práctica real del vivir, no son más que secuaces y discípulos del Diablo, o sea que son los aplicadores diligentes de aquellas máximas tan claras y francamente enunciadas por el kantiano teutón.

---

[1] J. B. Ehrard. *Apología del Diablo*. Traducción de Benedetto Groce, Bari, Laterza, 1943, páginas 34-35.

X
EL DIABLO
Y LA LITERATURA

57

EL DIABLO Y LOS POETAS

Hemos citado ya las palabras de Baudelaire: "La más bella astucia del Diablo es la de persuadirnos de que él no existe".

Especiosa frase, que nos gusta y agrada. Pero ¿corresponde a la verdad? Por más que el Diablo pensase en tal añagaza no se ve que lo haya conseguido. El mismo Baudelaire, con sus *Letanías de Satán*, demostró no haber caído en la acechanza.

Y los poetas, bastante más sensibles que los teólogos, no se han dejado sorprender por las emboscadas de Satanás y se han cuidado de mantener viva su terrible figura delante de los ojos de muchos, de los más, o sea de aquellos que leen poemas y tragedias y no han hojeado nunca un tratado de teología.

La literatura del medievo está poblada de diablos de toda índole y figura. En el Renacimiento fueron sobre todo los pintores los que recuerdan a los hombres el Demonio. Baste con recordar a Signorelli y a Miguel Angel.

En los tiempos modernos han sido sobre todo los poetas quienes han despertado la imaginación de los pecadores. El Tasso hace campear a su Plutón al principio de su *Jerusalem*. El más grande de los poetas holandeses, Vondel, consagra a Lucifer su obra maestra (1654); Calderón lo trae a su *Mágico prodigioso* (1637); Milton hace de él el personaje principal de su *Paraíso perdido* (1667); De Vigny y Lermontov lo convierten en el héroe de famosos poemas; Goethe, en su *Fausto*, hace de Mefistófeles uno de los protagonistas de su tragedia; Leopardi bosqueja un himno a Ahriman (1835); Víctor Hugo le consagra un libro entero, *El fin de Satán* (1886); Dostoievski le hace hablar a lo largo de su más famosa novela. *Los hermanos Karamazov* (1879-1880); Ibsen lo evoca con el nombre de "Gran jorobado" en el más sig-

nificativo de sus dramas, *Peer Gynt* (1867). Y no recuerdo a los poetas menores que son, como el Demonio, legión.

Después de la deserción de los teólogos, han ocupado su puesto, como una hueste de alarma, los poetas más famosos y el Diablo
ha sido chasqueado por aquéllos en su diabólica tentativa de hacernos
olvidar su existencia.

58
EL DIABLO Y EL TITANISMO ROMÁNTICO

Podemos reconocer una resurrección y rehabilitación del Diablo en el titanismo de los románticos de *Sturn und Drang*. Los primeros románticos como todos los revolucionarios furibundos de primera hora, sentían impulsos de osarlo todo y de destruirlo todo, de quebrar todos los yugos y de derribar todos los gobiernos.

No ha de maravillarnos, pues, encontrar una apología de Lucifer en los *Masnadieri* (1781) de Schiller, que fue uno de los más clamorosos manifiestos del romanticismo alemán. "¿No era un genio extraordinario —grita Moor— aquel ser que osó declarar la guerra al Omnipotente?... Mejor es quemarse en el fuego de Belial, en compañía de Borgia y de Catalina, que estar sentado a la mesa celeste con todos los imbéciles vulgares".

El pensamiento es puerilmente ingenuo y sin embargo nos recuerda unas palabras atribuidas a un hombre que pasó por muy hábil: nada menos que a Maquiavelo. El autor de *Belfagor arcidiavolo*, había dicho que prefería ir al infierno, donde podría entretenerse con tantos hombres doctos e ingeniosos antes que subir al aburrido reino de los bienaventurados.

Con seguridad que esas palabras no son de Maquiavelo. Y si fue él quien las pronunció seria una prueba más a favor de Alfredo Oriani, quien ha querido demostrar —y a mi juicio lo consigue— que el secretario florentino, a pesar de su fama, fue bastante más ingenuo que astuto.

59
BYRON NIÑO Y EL DIABLO

Cuando Jorge Byron tenía poco más de cuatro años su madre lo mandó a la escuela de míster Bowers, donde se pagaban cinco chelines trimestralmente por ser iniciados en los misterios de la lectura.

En una de las primeras páginas del librito de texto el pequeño Byron leyó estas palabras que nunca más olvidó: "Dios hizo a Satán —y Satán hizo el pecado…"

Jorge había sido educado por su niñera Mary Gray en un temor saludable de Satanás y de sus llamas eternas. Pero ahora en el libro le enseñaban que Satanás había sido hecho por Dios y que este hijo de Dios había tenido por hijo el pecado. ¿Cómo Dios, entonces, había creado a Satanás con capacidad para errar, para pecar y para hacer el mal? Dios era el padre de Satanás y Satanás era el padre del pecado: luego, pensó el niño Byron, Dios es el abuelo del pecado. Y una de dos: o no debió poner en el mundo a Satanás o debió haberlo hecho de una sustancia más pura, incapaz de perjudicarse a sí mismo y a los demás.

¿Razonamientos de niño? De acuerdo, pero ¿acaso no ha dicho Cristo que a los niños ha sido dado comprender aquello que es oscuro para los sabios?

60
EL CANTOR DE AHRIMAN

El verdadero "cantor de Satanás" no es, en Italia, Carducci que vio en Satanás, bajo la influencia de Michelet, el símbolo de la libertad, de la ciencia, del progreso, esto es, un genio benéfico, contrapuesto al "Jehová de los sacerdotes", y que era en definitiva el redentor, divinidad buena, propicia, previsora y simpática. El de Carducci no tiene nada que ver con el verdadero Lucifer de la tradición y de la teología cristiana.

El verdadero "cantor de Satanás", entendido como principio y soberanía del mal, es sin embargo, Jacobo Leopardi. En una de sus famosas poesías había señalado al

> ...poder brutal
> que oculto en daño común impera,

pero sin tener el valor de llamarlo por su nombre. Se comprendía, empero, que el *poder brutal* era el Diablo y que él solo reinaba, no como un rival de Dios, sino en el puesto único de Dios.

Casi al final de la vida, Leopardi —que años antes había escrito los bosquejos de algunos himnos cristianos— esbozó un himno a Satanás, pero tampoco esta vez osó llamarlo por su nombre hebraico y cristiano y recurrió a la teología de Zarathustra.

Este compendio de la religión satánica de Leopardi no fue acabado y permaneció inédito hasta 1898 en que fue publicado, junto con otros escritos, al cuidado de una comisión presidida por el "cantor de Satanás".

El himno de Ahriman, en el bosquejo que conocemos no es largo y contiene todos los elementos del pensamiento desesperanzado de Leopardi.

> Rey de las cosas, autor del mundo, arcana
> maldad, sumo poder y suma
> Inteligencia, eterno
> Dador de males y regulador del movimiento,

yo no sé si esto te hará feliz, pero mira y goza, etcétera, contemplando eternamente, etcétera,

creación y destrucción, etcétera, para matar creas, etcétera, sistema del mundo todo sufrimiento. Naturaleza es como un niño que deshace en seguida lo hecho. Vejez. Hastío o pasiones llenas de dolor y desesperación: amor.

Los salvajes y las tribus primitivas, bajo diversas formas, no reconocen a nada más que a ti. Pero los pueblos civilizados, etcétera, el vulgo con diversos nombres te llama Hado, naturaleza y Dios. Pero tú eres Ahriman, tú el que, etcétera.

El mundo civilizado te invoca.

Culpo a las tempestades, las pestes, etcétera, tus dones, que otros no pueden dar. Tú das los calores y los hielos.

El mundo delira buscando nuevos órdenes y leyes y espera perfección. Pero tu obra permanece inmutable, porque por naturaleza del hombre reinarán la insolencia y el engaño, y la sinceridad y la modestia se quedarán atrás, y la fortuna será enemiga del valor, y el mérito no se hará muy viejo, y el justo y el débil serán oprimidos, etcétera.

Vive, Ahriman y triunfa y siempre triunfarás.

Envidia de los antiguos atribuida a los dioses contra los hombres. Animales destinados como alimento. Serpiente boa. Numen piadoso, etcétera.

¿Por qué, dios del mal, has puesto en la vida algunas apariencias de placer? ¿El amor?... ¿para afligirnos con el deseo, con la comparación de los otros y de nuestro tiempo pasado, etcétera?

Yo no sé si te gustan las alabanzas o las blasfemias, etcétera. Tu alabanza será el llanto, testimonio de nuestro padecer. Pero llanto mío no has de tenerlo tú ciertamente: mil veces por mi labio será tu nombre maldito, etcétera.

Pero yo no me resignaré, etcétera.

Si nunca fue pedida gracia a Ahriman, etcétera, concédeme que yo no pase del séptimo lustro. Yo he sido, viviendo, tu mayor predicador, etcétera, el apóstol de tu religión.

Recompénsame. No te pido ninguna cosa de aquellas que el mundo llama bienes. Te pido lo que he creído el máximo de todos los males: la muerte (no te pido riquezas, etcétera. ni amor, la única causa digna de vivir, etcétera). No puedo, no puedo ya con la vida.[1]

Los conceptos están claros, excesivamente claros, y se reducen a una sucinta y apresurada exposición del pesimismo leopardiano: el mal triunfa y triunfará siempre, el autor y gobernante de un mundo tan tétrico y desgraciado no puede ser otro que el Dios mismo del mal, o sea, para decirlo con el nombre persa, Ahriman.

Leopardi no alude del zoroatrismo más que a la divinidad maligna: no señala ni siquiera a Ormuzd (o Ahura Mazda), principio luminoso del bien y mucho menos a su triunfo final como aparece en el *Avesta*.

Leopardi tuvo momentos de altísimo poeta, pero fue un pensador mediocre y falto de originalidad como lo demuestra este himno suyo a Ahriman. A él no se le acude a las mientes ni siquiera el problema de la resistencia y supervivencia del mundo: si todo fuese inspirado y dominado por el mal, que es destrucción y suicidio, ¿cómo podría existir aun la vida? ¿Y cómo podrían los hombres imaginar y definir y considerar el bien si todo el universo y toda la humanidad no fueran otra cosa que formas y leyes y acciones del maligno? Si el hombre se rebela contra el mal y se lamenta y trata, cuando puede, de superarlo y derrotarlo es señal de que en él hay una idea, un germen, un instinto del bien. El mismo Leopardi alaba a su Ahriman con profunda amargura y con ironía doliente: quiere decir que su ánimo no está totalmente conforme con ese mal, que sería la sustancia total, el verdadero dominador del mundo y de los hombres.

El himno de Leopardi a Ahriman es pueril y contradictorio, como tantas otras tentativas filosóficas suyas, pero era necesario recordarlo, porque representa en la literatura italiana, el único testimonio de una teoría teológica del mal absoluto, o sea del Diablo.

---

[1] Jacobo Leopardi. *Scritti Vari,* Florencia. Successori Le Monnier, 1910, páginas 114-115. (Los editores de los *Scritti Vari* dan a este bosquejo la fecha de 1835, pero queda claro por el contexto que fueron escritos antes del 28 de junio de 1833).

61
EL DIABLO Y EL NOVELISTA AMERICANO

Indro Montanelli, el autor de los *Incotri,* quiso divertirse un día en Venecia, con el famoso novelista americano John Dos Passos. En cierto momento el escritor italiano tuvo una imagen felizmente justa, o sea que "cada explosión del motor es un golpe de tos del Diablos.

Pero John Dos Passos no comprendió el subsentido de la aguda comparación: "¿Qué? ¿El Diablo? ¿Qué quiere decir por el Diablo?" Y Montanelli, asombrado por semejante pregunta, añadió: "¡Un hombre que ignora al Diablo! Si yo fuese Dios, no me fiaría de él y lo mandaría al infierno para obligarle a que lo conocieses. (*Corriere della Sera,* 4 de octubre 1949).

Bien pensado y bien dicho. Aquella ignorancia es tanto más escandalosamente afrentosa en un novelista que maneja y trabaja como materia prima el pecado y sobre todo en Dos Passos que describe las formas más diabólicas de la vida americana de nuestros tiempos.

La creación de la obra de arte exige e implica cierta dosis de sensualidad y cierta dosis de orgullo y supone, por eso mismo, algunas complicidades no siempre evidentes con el Diablo. Un artista que no tenga algunas familiaridades con el Diablo, aunque no sea más que para desdeñarlo y dominarlo, no puede ser un verdadero artista.

62
LIBROS INSPIRADOS POR EL DIABLO

Las *Sagradas Escrituras,* tal como nos enseña la Iglesia, son de inspiración divina. ¿Pueden haber en oposición a éstas, escrituras humanas diabólicamente inspiradas? Nunca se ha negado al Diablo cierta genialidad perversa y sería muy extraño que no se hubiese aprovechado como de sus otras artes maléficas, del arte literario escrito por los hombres.

En la literatura europea existen algunas obras que, por su contenido sofístico, blasfemo y nihilista podrían ser debidas al espíritu de Satanás. Lucifer, no lo olvidemos, es lógico, como dijo Dante, y se complace en la negación intelectual tanto como en la bestial chocarrería.

Algunos polemistas católicos han tenido por "obras del Diablo" muchos libros que les parecían equivocados y nefastos por cuanto se oponían a los principios y a los intereses de la Iglesia. Pero usaban aquella expresión con demasiada facilidad, y probablemente, sin creer en una inspiración verdadera, propia, directa de Satanás. Empero, hay algunos libros en los cuales la necesaria hipótesis de una colaboración demoníaca aparece visiblemente verosímil.

Uno de estos libros es realmente *De Tribus Impostoribus,* en el cual se pretende demostrar que Moisés, Jesús y Mahoma no fueron más que tres astutos impostores. La primera edición de este famoso y rarísimo opúsculo es de 1598 y se atribuye nada menos que al emperador Federico II de Suevia por su fama de no creyente. El autor del texto que poseemos, sin embargo, es realmente más posterior y se han propuesto muchos nombres y entre ellos el de Fausto Longiano.

En el mundo protestante y especialmente en el inglés y puritano estuvo muy difundida la opinión de que *El príncipe,* de Maquiavelo, fuese una obra inspirada por el Demonio, porque parecía a aquellos ingenuos fanáticos que ese libro era el breviario de todas las artes infernales para dominar y suprimir a los hombres. Nadie hoy, al menos entre los católicos, participa de esta maligna opinión. En cambio podría atribuirse una inspiración diabólica, con mayor verosimilitud, a la obra de un inglés, al famoso *Leviathan* (1651), de Tomás Hobbes. Este libro, como se sabe, es una síntesis terrible del materialismo radical y del determinismo absoluto: niega al espíritu y niega la libertad: la conclusión natural es que la vida humana consiste en la "guerra de todos contra todos".

En el mundo anglosajón no faltan otras obras que podrían parecer inspiradas por el adversario. Recuérdese por ejemplo *Matrimonio del cielo con el infierno* (1790), de William Blake, en el cual los proverbios del infierno tienen una despreocupación irreverente que hace pensar en el futuro Nietzsche. Recuérdese también *Manfredo y Vampiro,* de Byron y *Melmoth errante,* de Maturin (1820) que narra la vida terrible de uno de los más terroríficos monstruos morales creados por la llamada escuela de la "novela negra". Y no hay que olvidar el célebre ensayo *El asesinato como una de las bellas artes* (1827, 1839, 1854, de Thomas de Quincey, del cual encontramos un eco en el famoso ensayo *Pen Pencil and Poison,* de Oscar Wilde, publicado en el volumen *Intentions* (1891) y en el que se cuenta la gesta delictuosa del criminal diabólico Thomas Griffiths Wainewright. La teoría de esta complacencia en el mal por el mal ha sido expuesta con su acostumbrada agudeza despiadada por Edgar Allan Poe en su célebre relato filosófico *The Imp of the Perverse,* en el que se describe la atracción del abismo. Estas ideas de Poe tuvieron mucha influencia sobre Baudelaire y a través de éste sobre no pocos europeos decadentes. Reflejos satánicos se encuentran también en la obra de un contemporáneo de Baudelaire, Petrus Borel, en la *Madame Putifar* (1839). Borel fundó pocos años después, en 1844, un periódico diario con el titulo de *Satán.*

Francia conocía ya otro libro aún más satánico, o sea el *Testamento;* del cura Mellier, o Meslier, muerto en 1729, y del cual publicaron algunos fragmentos Voltaire (1762) y D'Holbach (1772). En el *Testamento* se leía aquella frase, hecha famosa durante la Revolución Francesa, en la cual el cura Mellier decía que era necesario ahorcar al último cura con las tripas del último rey.

Hasta la obra maestra de Max Stirner, *El único y su propiedad* (1843), convertido en nuestros tiempos en el texto sagrado de la anar-

quía absoluta, puede hacer pensar especialmente en su primera parte
en la tétrica inspiración del adversario.

Muchas personas piadosas han creído encontrar el soplo y el aliento de un dictado luciferano en la obrita de Federico Nietzsche *El anticristo* (1888), una de las últimas obras del filósofo antes de la locura
y en la cual vuelve a confirmar la condena de la moral cristiana por
la piedad. Pero tonos y acentos aún más satánicos pueden hallarse en
Zarathustra y en otras obras de Nietzsche.

En la literatura contemporánea los libros que parecen sugeridos
por el príncipe de las tinieblas son innumerables. Pero el más pavoroso, a pesar de la aparente apacibilidad del relato que no constituye una exhibición de desahogos infernales, me parece *Metamorfosis*
(1916), de Franz Kafka. En la historia de aquel hombre mediocre que
se convierte de súbito en gusano y vive horrible pero silenciosamente
su vida de gusano hasta el día en que es arrojada a la basura su blan-
ducha carroña, se me antoja reconocer la burla más siniestra que haya
podido imaginar el Diablo para humillar y torturar al hombre. Y también en *El proceso* (1925), del mismo Kafka se entrevén las crueles
intenciones de un diablo enmascarado y anónimo que turba las almas
de un modo indirecto, pero implacable, señalando a una culpa misteriosa que puede ser tanto el pecado original cuanto el pecado de todos
nosotros durante todos los días de la vida.

El problema que se ofrece a nosotros es éste: los autores de las
obras aquí citadas, ¿tuvieron o no la consciencia oscura o clara de
que fuesen sus escritos, parcial o totalmente, de inspiración satánica?
Es muy probable que los más no lo advirtieran, porque una de las
más famosas habilidades del Diablo es precisamente la de no dejarse ver; como el traidor del dicho popular "tira la piedra y esconde la
mano".

Uno solo de éstos, André Gide, tuvo presente este problema y lo
resolvió concluyendo que en todas las obras de arte es necesaria la participación demoníaca. Y, en efecto, afirma con una franqueza que sus-
cita admiración y miedo a la vez "que no existe una verdadera obra de
arte en la que no entre la colaboración del Demonios".[2]

---

[2] Gide, *Dostoievski*. Paris, Plon, 1923, página 253.

63
LA TIERRA PROMETIDA POR SATANÁS

Se ha escrito copiosamente desde Julio César en adelante sobre la "dulce Francia", pero nadie, me parece, que ha hecho en este país el extraño descubrimiento que anuncio aquí: Francia es la tierra prometida del satanismo.

No entiendo esta palabra en el sentido vulgar, pintoresco y anecdótico. La empleo y la adopto en un sentido justo y profundo: la consciente, complacencia del mal por el mal, el gusto por la perversión cruel, la teoría y la práctica de la rebelión contra Dios, y contra toda ley moral y contra la cristiana de un modo particular.

Me deprime, más que nada, la florescencia intelectual o mejor, cerebral, de esta pasión satánica y no sería difícil encontrar en la historia de Francia ejemplos de "satanismo en acción", de ferocidad obstinada y triunfante. Podría recordarse la gesta (no legendaria) de Gilles de Raiz y, en tiempos más modernos, los espantosos suplicios de Damiens y de Ravaillac, los alardes sanguinarios de Cartouche y de Mandrin y, durante la revolución, las masacres de septiembre, las "ahogadas" en el Loira y los estragos de Lyon. Horrores semejantes —y acaso más espantosos— podrían hallarse en las crónicas roja y negra de otros países, pero lo notable de Francia es que sean precisamente la justificación filosófica, el deleite literario, la glorificación poética de la crueldad por la crueldad, del mal por el mal, del delito gratuito y perfecto.

Amo inmensamente a Francia y amo su arte, su literatura y su civilización: no tengo, pues, la menor intención de calumniarla. Y para demostrar que yo no hablo sin ton ni son, me veo precisado a hacer una larga enumeración de nombres y obras.

El primer escritor que ha repetido y prolijamente enunciado la teoría de la superioridad del mal sobre el bien y de la belleza de la crueldad, es un francés, el famoso marqués de Sade. Sus contemporáneos, siguiendo las extravagancias de Rousseau, pensaban que el secreto de la felicidad y de la bondad consistía en seguir a la naturaleza. De Sade lo tomó al pie de la letra y, con una dialéctica infernal, demostró que en la naturaleza viviente se encontraban de continuo ejemplos de lucha feroz, de asesinato, de lujuria. En sus novelas, en sus diálogos, en sus obras de pensamiento, De Sade se propone revelar la legitimidad del tormento y de la matanza, la superioridad del vicio y del pecado sobre la virtud, la ridiculez de todo principio ético, la voluptuosidad de hacer sufrir a los propios semejantes. Estas teorías inhumanas y anticristianas fueron por él asociadas, casi siempre, a los placeres del sexo, pero en realidad su fecunda concepción de la vida como ejercicio y satisfacción del mal trasciende claramente los límites de la lujuria criminosa y aparece como algo más vasto y más general. La verdadera substancia del sadismo es el satanismo en su significación más radical y extrema.

La influencia de De Sade, aunque subterránea, fue profunda y fue ganando cada vez más terreno. Un contemporáneo del adivino marqués", Laclos, puso como protagonista de sus *Liaisons Dangereuses* (1782) a una mujer de temperamento satánico, la marquesa de Marteuil, sádica menos vulgar, pero aún más sutilmente perversa que ciertas heroínas espantosas de las novelas de De Sade.

Hasta el Julián Sorel de *Rojo y negro* (1830), de Stendhal, tiene algo de satánico en su siniestro maquiavelismo de ambicioso sin escrúpulos. Pero esos reflejos satánicos se hacen más vivos en otros héroes de la litera tura francesa del ochocientos. El *Vautrin,* de Balzac, antes de su última y tardía encarnación, es una de las famosas manifestaciones del satanismo literario francés: el misterioso delincuente personifica la tendencia al delito por el delito, la venganza diabólica contra el mundo y la sociedad. De sus palabras a Rubempré y a Rastignac podría entresacarse un breviario de cinismo descaradamente satánico.

Se podría rastrear, en las obras de segundo orden del romanticismo francés, otras encarnaciones del monstruo sádico, emparentadas también con las creaciones byronianas, pero aquí sólo quiero por un prurito de honradez en la testificación, señalar las figuras más representativas.

En Baudelaire serpentea y aflora de continuo la inspiración satánica y no solamente en las *Litanies de Satan* de las *Flores del mal,* sino también en los apólogos fríos y crueles de los *Petits poemes en prose;* recuérdese por ejemplo la cruel fantasía del *Vitrier.* Baudelaire no tuvo por maestro solamente a De Sade, sino también a Poe, al Poe del *Instinto de la perversidad.*

Un escritor católico, pero no siempre conformista, Barbey D'Aurevilly, escribió un volumen entero de novelas diabólicas y una de las más famosas lleva este título significativo: *La felicidad en el crimen.*

El poeta épico del satanismo francés es el desgraciado Isidore Ducasse, que, muy joven aún, publicó sus *Chants de Maldoror* (1869) bajo el imaginario nombre de conde de Lautréamont. Este poema en prosa, considerado el texto clásico del surrealismo, es un verdadero aquelarre de visiones satánicas. Ducasse tiene un encuentro con Dios y lo representa como el autor o el inspirador de perversidades fantásticas, de crueldades repugnantes, de obscenidades atroces. Su *infernalidad,* de visionario protervo y sacrílego, hace del falso Lautréamont el más grande heredero y continuador del satanismo de tipo sádico.

Con menor violencia pero con intentos polemistas y satíricos el odioso héroe del mal por el mal reaparece en Villiers de I'Isle Adam, el autor de *Cuentos crueles.* En su *Tribulat Bonhomet,* "el matador de cisnes", el enemigo sádico de la belleza, de la libertad, de la vida, hay uno de los antecedentes del burlesco pero bestial y feroz *Roi Ubu,* de Jarry.

El último poema de Rimbaud es *Une Saison en enfer* y, como era de esperarse el poeta dialoga sin temor alguno con el rey de los infiernos: "Tú quedarás hiena, etcétera...", exclama el Demonio, "que me corona de tan amables adormideras". "Gana la muerte con todos tus apetitos y tu egoísmo y todos los pecados capitales". "¡Oh, yo he comido demasiado: pero mi querido Satán, yo os suplico, una endrina menos pasada!" Y el poema no es más que un manojo de hojas de su "carnet de un condenado".

De un satanismo más intencionado, diría casi pedante, hallamos rasgos evidentes también en un escritor famoso que se hizo al final católico: en el Huysmans del *A Rebours* y del *La-Bas.* Pero tenemos un texto más genuino y originalmente satánico en las *Caves du Vatican,* de André Gide, con su teoría realmente diabólica del *crimen gratuito,* realizado por su héroe Lafcadio. En el último libro escrito por

Gide tenemos esta extraña confesión: "Si yo creyese en el Diablo (algunas veces he simulado creer: ¡es tan cómodo!) diría que pacté en seguida con él".[3]

La atracción demoníaca en Francia es tan viva y perenne que no se sustraen a ella ni siquiera, como hemos visto, los escritores católicos. George Bernanos, que se hizo famoso con su novela *Sous le soleil de Satan* (1926), está obsesionado por los incubos y por las acechanzas diabólicas en toda su obra. François Mauriac, el gran casuista del pecado, ha creado en sus historias de familias infernales personajes dominados por las pasiones salvajes del mal: algunas figuras suyas de mujer, espantosamente perversas, parecen haber salido de un erebo de monstruos infernales.

El pesimismo misógino de Henry de Montherlant está, a menudo, saturado de espíritus satánicos, especialmente en *Démon du bien*. De este libro bastarían algunas líneas donde afirma a todas luces la superioridad de Satanás: "Por todo lo que nosotros conocemos de Dios, por las palabras, los sentimientos, los actos que le atribuyen todas las religiones, en los siglos de los siglos, nosotros sabemos que Dios es una bestia. Y siendo su antítesis el Demonio, podríamos creerle inteligente: además, él nos da numerosas pruebas de esto".[4]

No aparece el Diablo en el *Etranger*, de Camus (1942), pero su espantoso protagonista Meursault, en el cual la indiferencia cínica alcanza hasta el delito inútil y hasta el desafío a todo lo que es humano, es la encarnación más horrible del satanismo existencialista. Aunque Meursault se mueva en la banalidad de escenarios y de hechos rutinarios y realistas y no en el aquelarre fantasmagórico y romántico de los *Chants de Maldoror*, el "extranjero" de Camus es aún más demoníaco que el héroe de Lautréamont y que el Lafcadio, de Gide.

Satanás comparece sólo como sombra en el *Diable et le bon Dieu* (1951), de J. P. Sartre, pero el Gotz, el *condottiero* despreocupado y despiadado que intenta en vano convertirse al bien, pertenece a la familia de los héroes maléficos y bestiales salidos del seno obsceno del marqués de Sade.

---

[3] A. Gide, *Ainsi soit-il ou les jeux sont faits*. París, Gallimard 1925, página 83.
[4] Henry de Montherlant. *Le démon du bien*. París, Grasset, 1937, página 278.

Ni siquiera el cartesiano y mallarmista Paul Valéry pudo sustraer-
se a la fascinación cerebral que conduce al espíritu francés moderno
al Diablo.

En su drama incompleto publicado en 1946, *Mon Faust,* no se limita a hacer hablar al viejo Mefistófeles con la vieja ironía goethiana,
sino que introduce tres demonios repugnantes y vocingleros, Belial,
Astaroth, Goungoune, los cuales se vanaglorian a coro de sus poderes
inmundos y sus cometidos extravagantes en la común empresa de la
persecución cotidiana.[5]

Queda bien claro que en esta lúgubre reseña de las encarnaciones del mal no he citado más que a los escritores de mayor valor y
de mayor nombre.

En otras literaturas también —señaladamente en las de Inglate-
rra, de Alemania y de Rusia— se podría reconocer personajes más o
menos conscientemente satánicos, pero en ninguna como en la francesa se descubre una continuidad tan insistente, durante casi dos siglos, en el tema infernal de la maldad voluntaria en tantos y tan distintos escritores.

¿Cuáles son, pues, las causas que hacen de Francia, como decía
al principio, la tierra prometida del satanismo?

Podría encontrarse una causa remota en esa vaga simpatía por el pecado y el delito que aflora en las obras de Villon y de Rabelais. La polé-
mica antirreligiosa, especialmente del setecientos en adelante, ha animado y fortalecido, por hostilidad a la moral cristiana, esas tendencias y
ha sido favorecida por ese espíritu de fronda y de burla tan constante en
los escritores franceses, el cual no siempre se ha dado por satisfecho con
los ataques de Diderot y la gran ironía de Renan. Aquella libertad intelectual, de juicio y de expresión, que es uno de los elementos más admirables de la literatura francesa, ha arrastrado a muchos ingenios a la
admiración y a la apología del gran adversario.

Pero quizá haya algo más, menos visible porque está más profundo. Francia está dominada, desde el seiscientos en adelante, por el espíritu cartesiano que tiende a aislar los conceptos puros hasta sus extremos. Cuando la fe en Dios y en el bien vaciló y casi se apagó —en el

---

[5] Paul Valéry, *Mon Faust,* París, Gallimard, 1946, páginas 117-120.

setecientos y después en el Renacimiento—, las mentes francesas más inquietas y temerarias trataron de hallar un sustitutivo de lo absoluto en las ideas opuestas, o sea en Satanás y en el mal. Este análisis, dado el amor por la exacta pureza intelectual, no se conformó con solos fantasmas poéticos, sino que fue llevado con rigor hasta las consecuencias extremas, o sea a la teoría y a la práctica del satanismo.

La causa del enigma puede hallarse tal vez en estas reveladoras palabras de Huysmans: "Como es muy difícil ser un santo, queda el hacerse un satánico, uno de los dos extremos. La execración de la impotencia, el odio de la mediocridad es tal vez una de las definiciones más indulgentes del diabolismo".

"Se puede tener el orgullo del valer en el crimen tanto como un santo valga en la virtud".

El deseo de una perfección al revés, debido a la *tendencia* cartesiana de distinguir bien y de definir sería, pues la lógica atenuante de esta pasión orgullosa que ha precipitado a tantos ingenios en la oriflama de Lucifer.

64

EL DIABLO EN EL ARTE

No se espere aquí una lista de todos los diablos feos o hermosos que han pintado los pintores y han dibujado los dibujantes desde la Edad Media en adelante. Sería cosa fácil, hojeando colecciones y consultando catálogos, reproducir aquí una lista tan larga y docta como inútil y vana. No se trata de hacer un acopio de fichas para la curiosidad de los coleccionistas de temas alegóricos. No ya el Diablo en el arte, sino las relaciones entre el Diablo y el arte, es lo que importa. Y no estará de más advertir que la mayor parte de los que representaron en dibujos y pinturas la imagen del príncipe de las tinieblas no tuvieron con él ningún contacto intelectual y mucho menos espiritual. Los más antiguos pintores de mosaicos y frescos se las ingeniaron para mostrarnos un espantoso animalucho todo colmillos, uñas, garras, pinchos y demás para atemorizar a los fieles que los contemplaran. Pero en realidad aquellas bestiotas horripilantes suyas no producían el menor temor ni escalofrío a quienes las ejecutaban conforme a las líneas de la tradición por la sencilla obligación del oficio. Es necesario llegar al juicio Final, de Miguel Ángel, para encontrar rostros verdaderamente demoníacos inspirados por el sentimiento interior de un genio que creía de veras, como Dante, en la condenación eterna.

Se ha hablado mucho en los últimos tiempos, aun en Italia de las fantasías demoníacas de los flamencos, de los holandeses y de los alemanes durante el Renacimiento. Pero es fácil advertir que la mayor parte de las pinturas no responden a una auténtica y profunda visión de los seres demoníacos, considerados en su esencia tremenda y eterna. Se trata por lo regular de caprichos ingeniosos, ora humorísticos ora macabros, en los que dominan la pincelada burlesca hasta lo grotesco, la invención heteróclita y la extravagancia ya pueril ya carnavalesca. Esos pintores se divertían o querían divertir. No hay en ellos ningún rasgo

de horror sincero, de espanto cristiano, de una emoción no disimula-
da. Todas esas mascaradas de animales pintorescos, de monstruos más
bufos que monstruosos, de hircociervos risibles, son un testimonio de
la imaginación fértil y divertida de aquellos artistas, pero nada tienen
que ver con la majestad sobrenatural y terrorificante de Satanás.

Aun aquellos extraños seres, entre humanos y animalescos, que
en ciertas pinturas y estampas germánicas rodean o atormentan al pobre San Antonio, no tienen nada de particularmente satánico; parecen
funcionarios subalternos de una empresa infernal, plácidos e indolentes
que fastidian y aburren al santo por un deber de oficio y empleo.

Mayor importancia tiene la transformación del Diablo, espantajo inverosímil de la Edad Media, en el Diablo héroe triste de nuestros
tiempos, Mario Praz, en su obra *La carne, la muerte y el Diablo*,[6] demostró que esta trasmutación fue obra de los poetas y antes aún que
de Milton, de Juan Bautista Marino. Pero *Le Strage degli Innocenti*,
donde se encuentran los versos sobre la tristeza de Satanás fue publicado en 1632, mientras que, ya desde el 1550, un gran pintor venecia-
no, Lorenzo Lotto, pintaba en el palacio apostólico de Loreto un Lucifer que desciende perdido en medio de las tinieblas, pero que no tiene
ninguno de los atributos repugnantes atribuidos a los diablos medievales. Lucifer en esta pintura es un joven bellísimo que siente la cólera
y la tristeza por su caída, pero que no está afeado en nada por un dis-
fraz de fiera o de reptil. Tal vez ha sido un pintor y un pintor italiano quien ha visto en Satanás, aun antes que los poetas modernos, al
héroe derrotado en vez del dragón contrahecho y denigrante. De esta
imagen poética del Satanás que ha reinado en la fantasía de los últimos siglos, desde Milton en adelante, fue víctima a principios del novecientos un artista ruso, célebre en sus tiempos como pintor sagrado, el cual obsesionado de pronto por el *Demonio*, de Lermontov, se
puso a dibujar y a pintar a Lucifer en distintos aspectos y sobre diversos fondos. Se llamaba Miguel Alejandro Wroubel y había nacido en
1856 de madre danesa y padre polaco. Antes de ser perseguido por la
imagen del demonio había ejecutado importantes obras en las iglesias
de Kiev, inspirándose en el arte antiguo bizantino y en los primitivos

---

[6] Marlo Praz, *La carne, la Morte e il Diabolo*, Florencia. Landoni, 1948, página 58.

venecianos. Pero desde que se apoderó de él la manía de representar a Lucifer, olvidó y hasta abandonó todo otro objeto. Parecía un obseso o un poseído que no lograba librarse de su espantoso enemigo más que dibujando sus formas. Al fin, aún joven, o sea en 1902, hubo que encerrarlo en una casa de salud, donde poco a poco quedó paralítico, ciego y, por último, loco, y en tan miserable estado acabó la vida en 1910 a los cincuenta y cuatro años. Wroubel es el único artista, víctima del Demonio, que yo conozco y por eso me pareció que valía la pena recordarlo, aunque sus obras hoy hayan sido olvidadas.

El ejemplo del desgraciado Wroubel no parece confirmar la famosa teoría de André Gide, según la cual no puede haber una gran obra de arte sin la colaboración de Satanás.

El Diablo colaboró y en demasía, estrechamente con su súcubo eslavo y no podemos decir que de semejante colaboración hayan salido obras verdaderamente grandes.

Un escultor moderno italiano, Libero Andreotti, rechazaba, empero, toda colaboración del Diablo. En su hermosa biografía del artista, Enrique Sacchetti relata que vio un día en su estudio una grandiosa cabeza de Cristo y al lado un boceto más pequeño que representaba también al Redentor. Sacchetti opinó que le parecía mucho mejor el boceto y el escultor "comenzó a reír de un modo extraño, con sordina, y en voz baja, como si fuera a confiarme un secreto me dijo: —Ah, sí, ¿te gusta más esa? Pero ¿sabes quién ha hecho esa cabeza? La ha hecho el Diablo… Sí, querido Sacchetti, la ha hecho precisamente el Diablo, el Diablo —y parecía de veras que hubiese visto al Diablo, allí, en el estudio, modelar la cabeza de Cristo. Y añadió—: Afortunadamente yo no me di cuenta. Pero ahora estoy tranquilo".[7]

Andreotti no dio ninguna explicación de esa presunta paternidad diabólica, pero Enrique Sacchetti me decía poco tiempo ha que había creído comprender la razón que sugirió al amigo aquella su certeza tan singular.

El boceto de Cristo era verdaderamente bello, pero se asemejaba muchísimo a la cabeza del escultor. En Andreotti era, pues, muy legítima la sospecha de que las obras en las que predomina excesivamente el *ego* del autor, son de origen satánico y hay que rechazarlas por eso.

---

[7] Enrique Sacchetti. *Vita d'Artista,* Milán, Treves, 1935.

En el arte es también un pecado el egocentrismo que por eso hay que atribuirlo casi siempre a la inspiración y a la colaboración del gran adversario.

En la afirmación de Gide que hemos citado antes hay un elemento de verdad. Todo artista es a su modo un revelador de la obra divina y al mismo tiempo es, quiéralo o no, un imitador del antidiós. Sin un impulso de orgullo, sin un puntillo de soberbia no sería posible la creación de las obras de arte. Quien pretenda dar una visión propia de las criaturas y de las cosas del mundo de tal suerte que inspire una emoción y excite la fantasía, se siente y se proclama, aun inconscientemente, superior a los demás hombres o sea, dotado de virtudes particulares que lo hacen capaz de ese prodigio que es el arte. Y como las artes representativas se consagran —o al menos así sucede hasta ahora— a la imitación de lo real, podría insinuarse, bien que en un sentido más noble y puro, que el artista puede ser llamado también como fue llamado el Diablo en la Edad Media, *mono de Dios.* Hoy, sobre todo en la pintura, el acoso diabólico ha tomado una forma totalmente opuesta a la señalada entonces. Y en efecto muchos artistas de nuestros tiempos se rebelan tenazmente al modo antiguo de representar lo verdadero, pretendiendo hacerse independientes de toda forma sensible exterior y soñando casi crear un mundo que no guarde ya ningún rasgo o reflejo del mundo creado por Dios. Aquí no estamos ya frente al *mono de Dios,* sino justamente lo conrario, o sea frente al *mono del Diablo* porque se quiere imitar al Diablo precisamente en su carácter más esencial, o sea en la rebelión. La afirmación de Gide podría parecer confirmada por el hecho de que muchísimas obras modernas, del género novelesco se ocupan con excesiva abundancia de la representación y el análisis del pecado y del delito, o sea del mal. El verdadero problema está en la participación más o menos grande del artista en el asunto narrado o creado. El pecado y el delito se prestan mucho más que sus contrarios a excitar la fantasía de los lectores y sobre todo, como en el caso de Dostoievski, a escrutar en las profundidades más oscuras e inquietantes del alma humana. No puede negarse que algunos novelistas de nuestro tiempo y aun católicos como por ejemplo François Mauriac y Graham Greene— parecen atraídos y casi encantados por todo lo que hay de más vicioso y odioso en las criaturas de nuestros días. Y puede darse, aunque sea en el subconsciente, que ellos busquen en la descripción de la obscenidad y suciedad moral una especie de liberación, de sublimación a través de la literatura como la que Charles du Bos descubrió en Byron. Han sido los poetas los que han escrito poemas para reprimir el instinto de estuprar y matar. Esos escritores católicos a los que hemos aludido se sienten a cubierto porque hacen intervenir al final la fe y la gracia y eso les permite abandonarse libremente a la atracción de las tinieblas. Pero un artista no ha de ser necesariamente un partícipe o cómplice del mal que expone en sus obras. Su repugnancia, su desprecio y aun su repudio acompañan muy a menudo la representación de los actos obscenos y malvados de sus personajes.

Dante, por ejemplo, no se hace amigo del Demonio mientras atraviesa los fosos de los condenados. Shakespeare no llevaba ciertamente nada en si de Macbeth, o de Yago y en Dostoievski sentimos en cada página el horror y el escalofrío que sentía ante sus personajes criminales, creados por su poder de escritor y de moralista.

Era necesario llegar al contemporáneo Jean Genet, al ladrón homosexual celebrado en una gruesa biografía por Sartre,[8] para asistir al espectáculo de un degenerado culpable que relata sus propias hazañas y las de sus semejantes con una mezcla de complacencia y de indiferencia. Pero hasta en este recientísimo caso la teoría de Gide no se verifica plenamente porque *Notre-Dame des Fleurs* y el *Journal du Voleur,* a pesar de la evidente colaboración de Satanás, son cosas bien distintas a dos obras maestras.

---

[8] Jean-Paul Sartre. *Saint Genet comedien et martyr.* París, Gallimard, 1952. ¡Es un volumen de más de 573 páginas!

65

EL DIABLO Y LA MÚSICA

El Diablo entró personalmente en la historia de la música el año de 1713. El famoso violinista y compositor José Tartini tenía a la sazón solamente veintidós años y era huésped del Santo Convento de Asís. Una noche mientras dormía en una celda del convento, se le apareció en sueños el Diablo que, cogiendo el violín, comenzó a tocar con un estilo extraño y desconcertante, consiguiendo arrancar al instrumento efectos inauditos de audacia, ignorados para los concertistas de aquel tiempo. El Diablo reía y se contorneaba mientras iba ejecutando con creciente vehemencia aquella música infernal y cuando hubo terminado, desafió al virtuoso durmiente a repetir con su instrumento lo que había oído. El joven Tartini se despertó sobresaltado y, aunque trastornado por la emoción suscitada por el sueño probó a repetir con su instrumento y después a transcribir en el pentagrama lo que el Diablo le había hecho oír en sueños. No consiguió naturalmente rehacer toda la sonata diabólica, pero lo poco que él consiguió recordar permanece aún en sus obras con el título de *Trillo del Diavolo* y la composición contiene tales y tantas innovaciones de técnica que los historiadores y los críticos la consideran como el principio de una nueva época en el arte del violín. Tartini ejecutó el *Trillo* en muchos de sus conciertos, pero esto fue publicado únicamente durante la Revolución Francesa, en 1790.

No se trata de una leyenda. El mismo Tartini expuso en una carta esta extraña aventura y de ella tenemos un extenso relato en el *Voyaje en Italie*, de Lalande, publicado en 1769. Esa aparición del Diablo se hace aún más diabólica si se tiene en cuenta que acaeció en un convento franciscano, en la patria misma del imitador más grande de Cristo de que pueda vanagloriarse la cristiandad. La de Tartini fue también una tentación, no totalmente maligna y funesta como las otras, porque ayudó a la fortuna y a la gloria del joven músico y realizó un auténtico progreso en el arte.

Pero, al parecer, el Diablo prefiere a todos los instrumentos musicales, el violín. Se volvió a hablar de él, en efecto, un siglo después, en los tiempos de los éxitos clamorosos de Nicolás Paganini. Quien vio al prodigioso violinista en sus conciertos, especialmente fuera de Italia, y observó, su figura larga y flacucha, su pelambre revuelta, su rostro estático, los movimientos casi convulsos de sus miembros y, sobre todo, se sintió turbado y trastornado por las notas frenéticas, originalísimas e infernales que salían de aquel mágico instrumento, pensó que Paganini estaba poseído por el Diablo o, al menos, que había recibido de él el secreto de aquellos hallazgos extraordinarios de virtuosismo que asombraban y confundían no solamente a las muchedumbres; sino a los mismos músicos.

Esta fama de inspirado demoníaco acompañó a Paganini a lo largo de su vida hasta el extremo de que cuando murió en 1840, en Niza le negaron aun en este país la sepultura en tierra sagrada. A esta reputación diabólica no son ajenas algunas obras compuestas por él, ciertas variaciones que tienen realmente un poder de evocación diabólica. Sobre todo las *Streghe* —una de sus composiciones más célebres escrita en 1813 un siglo después precisamente del *Trillo del Diavolo*— si bien inspiradas por *Noce di Benevento,* de Süssmayer, son totalmente paganas en sus acrobacias sonoras y podrían hacer pensar en una inspiración directa del negro autócrata de las hechiceras.

En verdad, tal cual cooperación satánica se advierte en muchas obras de Paganini; en ciertas insistencias fogosas y evocadoras, en algunos arranques y fugas que hacen pensar en un silbido luciferesco; en algunas ascensiones y caídas de sonoridad silbante o estridente que parecían salir de un alma desesperada del averno. Si el Diablo pensó alguna vez hacerse músico no hay duda de que se encarnó en el alto cuerpo espectriforme de Nicolás Paganini. Después de él casi todos los violinistas —y especialmente los de sangre y estilo zíngaro— tienen en determinados momentos, en la fisonomía del rostro oscuro y en la violencia descuidada de sus notas un aire diablesco.

Satanás, bajo la máscara de Mefistófeles, ha comparecido también como personaje en los teatros de ópera, pero no siempre se ha prestado a ayudar a los músicos que le han hecho cantar. Tonos satánicos contiene, sin duda, el *Mefistófeles,* de Berlioz; bastante menos el de Boito; nada completamente el de Gounod. Únicamente Mussorgsky, en su escena faustiana de la *Cantina di Auerbach,* consigue dar voz de cantante a la estrepitosa carcajada de Mefistófeles.

Pero toda la música, en cuanto arte mágico de origen mágico, realiza todos los días la milagrosa trasmutación de las almas. Es casi necromancia en tanto que resucita a los muertos y da más vida a los que apenas tienen vida. Tiene, en suma, siempre una reacción más o menos visible con lo demoníaco. La música negra o de imitación salvaje es, por ejemplo, la más adaptada al bajo personal del infierno con sus alaridos insolentes, con sus groseras estridencias y sus bestiales tamborilazos. Pero el viejo Satanás es más artista y más refinado. Cuando quiere desahogar la rabiosa exaltación del sábado, con un poco de música recurre también hoy al violín de Tartini y de Paganini.

XI
LOS DIABLOS EXTRANJEROS

66

EL DIABLO EGIPCIO

Posiblemente el Diablo más antiguo aparecido en el mundo, nació en los valles del Nilo y fue en sus orígenes un dios totémico de aquellas poblaciones que luego dominaron el Bajo Egipto.

Seth viene del desierto y representa en la teología egipcia, los dos azotes más temidos por las tribus agrestes: la sed y la tempestad. Es el dios de la oscuridad, de la noche pavorosa y de la procela negra, y por esto mismo, el enemigo jurado de los dioses de la luz, de Ra y de Horus.

"Seth —escribe Erman— es lo estéril, lo que quema, la sequedad. Es lo irracional e irreflexivo de las almas, la morbosidad y el perturbamiento del mundo: es el mal".[1]

Es, como todos los diablos que vendrán después de él, el enemigo de los dioses y de los hombres. Como estuosidad y torbellino ardiente agosta las cosechas y como huracán destruye y dispersa las mieses: ansía, pues, llevar el hambre a los hombres, condenándolos a la muerte. Como simún y como tempestad oscurece el sol y mata la luz.

"El terror —dice Moret— es su gran fuerza, hombres y dioses tienen miedo de Seth y adoran su potencia brutal". Por eso, a pesar de su oficio nefasto y funesto, Seth fue considerado dios, mejor aún, uno de los dioses mayores que forman las enéadas heliopolitanas. Los enemigos de los egipcios, los hyksos, los reyes pastores que durante un largo período reinaron en Egipto, identificaron a Seth con su Dios supremo.

Seth reinaba ya muchos siglos antes que Moisés y que Homero; es, pues, más antiguo que el Satanás hebraico y que el Tifón griego:

---

[1] Erman. *La religione egizia.* Bérgamo, Instituto de Artes Gráficas (1908).

es el patriarca de todos los príncipes de las tinieblas. Pero su nombre se mantiene vivo aún durante los primeros siglos del cristianismo, porque va asociado a los misterios de Isis.

Seth —y esta es su notable originalidad— no solamente fue adversario de las divinidades de la luz, sino que se hizo famoso por su fratricidio.

Instigado por los celos y por el odio, Seth mató un día a su hermano Osiris. Valiéndose de engaños le hizo que se extendiera dentro de un sarcófago; cerró la tapa y lo arrojó al Nilo. La hermana de Osiris, Isis, que era también su esposa, consiguió hallar el cadáver, pero Seth aprovechándose de un viaje de Isis, cortó en catorce pedazos el cuerpo exánime del hermano.

El resto del mito —lo encontraremos en otros lugares y en la venganza del fratricidio realizada por Horus, hijo de Osiris y de Isis— no viene al caso ahora. Pero vale la pena recordar que el tema del fratricidio, inaugurado por Seth, se encuentra a menudo en las leyendas y en las tradiciones del mundo antiguo. El fratricidio después de Seth aparece siempre en el códice de la criminalidad diabólica, pero se transfiere y reina en las costumbres humanas.

La historia de la humanidad comienza con el fratricidio de Caín que se reproduce con harta frecuencia en la historia del pueblo hebraico. Absalón mata al hermano Ammón, Salomón al hermano Adonías, Jokanán a Jesna. La antigua Grecia cuenta el doble fratricidio de Eteocles y Polinice, de Timoleón corintio, asesino del hermano Timófanes, del rey escita Saulio, asesino del hermano Anacarsis.

La historia de Roma comienza con el fratricidio de Rómulo y recuerda que Lucio Catilina, después de haber amenazado al hermano M. Sergio, lo hizo poner en las listas de proscripción de Sila. Por amor a la brevedad no decimos nada de los fratricidios durante los siglos después de Cristo.

El fratricidio es, sin disputa alguna, uno de los delitos que deshonran más a la especie humana y puede ser debido en muchísimos casos a instigación satánica.

Seth es ahora conocido solamente por los egiptólogos, pero era necesario que nos ocupáramos de él, pues como vemos, en este furibundo demonio africano está el patriarca de los demonios y el patrono de los fratricidas.

67

EL DIABLO PERSA

Aquel gran espíritu del mal que en Italia fue loado por Leopardi con el nombre de Ahriman y por Carducci con el nombre de Agramainio, y que se llama, en el *Avesta*, Amramainyu, tuvo un padre mortal, verdaderamente célebre: el profeta Zarathustra. Éste transformó los *Deva* del primitivo paganismo persa en una horrenda legión de demonios a cuya cabeza puso por generalísimo a Amramainyu, el "loco lleno de muerte".

En cualquier manual de historia de las religiones puede hallarse noticias acerca de su natural perversidad de atormentador y destructor. A nosotros nos interesa únicamente ver sus semejanzas y desemejanzas con nuestro Satanás.

Descubrimos en esto una disparidad esencial: Lucifer es una criatura de Dios, que se rebela contra Dios y de su ruina se venga persiguiendo a los hombres. Amramainyu, empero, como el dios malvado de los gnósticos cristianos, es una especie de demiurgo, un creador antes de ser un destructor. Obra suya, tal como nos lo enseña la teología zarathustrana, son las tierras y las aguas, las plantas y los animales. El mundo de la materia y de la vida no es, pues, como en el cristianismo, la efusión de amor del Omnipotente, sino una hechura del maligno. Y como Amramainyu no es un verdadero dios, sino el antidiós, puede aplicarse a él la famosa blasfemia de Proudhon: "Dios es el mal".

Amramainyu, naturalmente, teme y odia a Zarathustra, el profeta y el adorador del dios bueno, de Ahura Mazda. Pero no se propone de buenas a primeras tentarlo, sino de suprimirlo. De las regiones del septentrión el príncipe del mal envía a uno de sus despiadados acólitos, Drugia (la peste) para que haga morir al profeta. Pero Zarathustra, que está cerca de las aguas sagradas adorando a Ahura Mazda no se mueve a las amenazas y Drugia, vencido, se aparta de él sin haber osado tocarle.

Entonces llega Amramainyu en persona y se confía a Zarathustra para que no destruya las obras por él creadas. Si él abandonara a Ahura Mazda el profeta obtendría los dones y privilegios que ya tuvo Vadaghama "el señor de las tierras".

En este ofrecimiento del adversario está quizás simbolizada la tercera tentación de Satanás a Jesús. Pero este es solamente un punto de semejanza, aunque incierto, porque poco o nada sabemos del misterioso rey Vadaghama.

Estas dos tentativas, una bestial y la otra tonta, demuestran de todos modos que el Diablo persa es quizá más feroz que el Diablo cristiano, pero también un poco menos inteligente. Las tentaciones de Jesús prueban una mayor sutileza de ingenio. Satanás con su astucia diabólica colaborará en la muerte de Jesús, pero sólo porque esta muerte está en los designios de la Redención.

Zarathustra, de todos modos, resiste a los ruegos, y a las tentaciones de Amramainyu y éste continuará combatiendo por todos los medios a los fieles de Ahura Mazda hasta el fin de los tiempos. Pero cuando hayan transcurrido doce milenios, concedidos al mundo, otro hijo de Zarathustra, Shaoshyant el salvador, vencerá para siempre a Amramainyu y se abrirá una era eterna de paz en el bien.

Hasta entonces el adversario tenaz de Ahura Mazda estará presente como Satanás por doquiera y desencadenará contra los hombres todas las legiones de sus demonios bestiales y furibundos.

68
EL DIABLO HINDÚ

También la India conoció a un Satanás, pero muy distinto del hebraico y cristiano. En los tiempos de las Upanishad se llamó *Mrtyu* y de ahí se derivó, en épocas posteriores, *Mara,* célebre sobre todo por haber tentado sin descanso a Buda en la vigilia de su revelación de la verdad liberadora.

La palabra Mara deriva de la raíz *mr,* que significa morir y los teólogos hindúes lo llaman, también el demonio de la muerte. Pero, no perdamos de vista que es en un sentido muy diverso del que podríamos entender los occidentales. Mara no es el que mata a los hombres, sino el que estimula el deseo del placer y sobre todo el amor carnal, el que perpetúa los nacimientos y, por esto, también la muerte.

Mientras nuestro Satanás encarna la idea de la rebelión, de la soberbia, del odio, de la negación del bien ,y del desafío a Dios, Mara, en cambio, es esencialmente el dios del amor. Él representa el deseo del goce erótico, la embriaguez y la exaltación de los sentidos, el dominio de aquellas ilusiones que llenan la vida y conducen a la muerte. Freud lo llamaría en su lenguaje el *numen de la libido.*

Se comprende ahora, por qué Mara se espanta a la idea que el príncipe Siddhartha, llegado al descubrimiento de la suprema verdad, se proponía enseñar a los hombres la doctrina de la liberación, que consiste, como se ha notado, en la abolición del deseo, de ese deseo que es el fundamento mismo de la potencia de Mara. Se decide, por eso, a combatirlo con todos los medios que halla a su alcance y se acerca a Siddhartha, que está meditando debajo del árbol sagrado, con el fin de tentarlo. Estas tentaciones son relatadas en varios textos budistas, hindúes y chinos: la narración más amplia y poética es la que se encuentra en el *Buddacarita* del famoso Asvaghosa, del primer siglo antes de Cristo.

Los sabihondos y audaces críticos europeos —orientalistas, cotejadores, ocultistas y anticristianos—, regocijándose al pensamiento de poder destruir la fe en la unidad de Cristo, se han apresurado a encontrar a toda costa semejanzas y paralelismos entre las tentaciones del Evangelio y las de los libros budistas. Pero también esta vez se echa de ver el odio que conduce a la ceguera. Entre las tentaciones de Mara a Buda y las de Satanás a Jesús no existe, para quien sepa leer los textos, ninguna afinidad.

Al principio Mara se contenta con apostrofar osadamente al príncipe tendido en meditación bajo la higuera, recordándole que es de estirpe guerrera y que su verdadera misión es la de matar a los enemigos y no la de filosofar. Buda, naturalmente, no se da por aludido en tan ridícula intimidación.

Mara, entonces, recurre a una tentación que él cree infalible. Con su arco de flores dispara una flecha al joven, flecha que si hiere a los hombres o a los dioses, los pone frenéticos de lujuria, ansiosos de abrazos y de voluptuosidad. Pero la saeta de la libido no rasguña la carne y el ánimo del asceta impasible, a pesar de que las hijas procaces de Mara, la voluptuosidad, la exaltación y la lubricidad, mariposean a su alrededor. Buda, según otra leyenda, se limita a convertirlas en tres viejas decrépitas y repugnantes.

Mara se queda estupefacto e iracundo por la resistencia de Siddhartha. Viendo que la exhortación al heroísmo y el señuelo de los placeres no lo doblegan, decide apelar al terror. Convoca un ejército interminable y espantoso de monstruos y de fieras, de demonios y de gigantes, que rodean a Buda para amenazarlo y espantarlo. Pero el sublime iluminado no se cuida de ellos. Descienden sobre la tierra las tinieblas, se oyen truenos, rugidos y fragores. Los siervos feroces de Mara intentan entonces golpear al príncipe, herirlo con espetones y flechas, con clavos y con troncos de árbol, y aplastarlo con montones de piedras. Pero las flechas se detienen en el aire, los troncos y las piedras vuelven a caer sobre los asaltantes, los tizones ardientes se convierten en flores rojas de loto, las serpientes se encantan, los leones y las hienas no osan atacar, los demonios se quedan atónitos e impotentes. Y una voz misteriosa desciende del cielo y conmina a Mara a que se vaya en paz, porque tiene que reconocerse vencido. Buda ha vencido las tentaciones diabólicas y anunciará a los hombres la verdad que pondrá término, si es por todos ejecutada, al reino de Mara.

Quisiera saber ahora qué identidad o semejanza puede encontrarse entre estas tentaciones y aquellas a las cuales fue sometido Jesús en el desierto. Satanás tienta a Cristo de dos formas: con la invitación al milagro (trasmutación de la piedra en pan y vuelo desde el pináculo del templo) y con la oferta de los reinos de la tierra. Debe realizar prodigios y aceptar el imperio del mundo.

Mara, por el contrario, quiere vencer a Buda con la lujuria y con el miedo. Trata de arrojarlo en brazos de mujeres o de amenazarlo con las armas de sus espantosos secuaces. Los malignos adversarios de Cristo, hasta en esta escaramuza, acaban vencidos como los de Mara.

Mara se resignó de momento a la derrota, pero más tarde quiso tomarse una curiosa venganza. En un poema hindú del ciclo de Asoka, el *Acokavadana,* se cuenta que Mara, un día, tomó la forma y aspecto de Buda tan bien que hasta un monje piadoso, aun temiendo en su corazón de que se tratase de un demonio, se postró delante de él.

69

EL DIABLO GRIEGO

"El estado medio" de la cultura, la enseñanza mezclada de mitos gimnásticos de la "Helade serena" y el "Olimpo lleno de sol" suponen y aceptan que el Diablo sea un espantajo fabricado en los desiertos del Oriente supersticioso, extraño al mundo luminoso y amable de la Grecia antigua. La mayoría, más bien, cree que sea una fea marioneta medieval creada por los cristianos para mejor someter a la gente campesina y ciudadana. La patria de Sócrates y de Euclides, la cuna alegre de las gracias y de las musas no podía imaginar un Lucifer ni temer a un Satanás.

La ignorancia de "vulgo culto" es, también en este caso, ridículamente vergonzosa. La Grecia, la Grecia de Anacreonte y de Aristófanes, tuvo también sus diablos hórridos y belicosos, conoció un gran demonio, adversario feroz de los dioses y de los hombres.

La rebelión de los titanes contra el Dios del cielo, contra el supremo Júpiter, es la transformación helénica de la rebelión de los ángeles contra Jahveh. La caída de Prometeo y de Ticio precipitados desde lo alto y encadenados a los tormentos es la versión griega de la condena de los ángeles rebeldes.

Y uno de estos titanes, el último y el más terrible, Tifón, asume en la mitología clásica el papel y el oficio de Satanás. Tifón hoy ha venido a ser un nombre común, el de un viento espantoso que azota los mares de Asia y ha dado el título a una de las novelas más afortunadas del ex capitán Conrad. Pero en la antigüedad helénica Tifón o Tifeo fue un diablo verdadero, símbolo poderoso e iracundo del odio y del mal.

Según algunos, era hijo de Gea y del Tártaro; según otra tradición, su nacimiento fue debido a la discordia conyugal de la suprema pareja celeste. Hera, irritada contra Júpiter, concibió a Tifón sin la unión con su esposo. Tifón fue, pues, el hijo del odio y se valió de su fuerza para disputar a Zeus el dominio del universo. La guerra de los gigantescos titanes con el Rey del cielo fue larga, encarnizada y terrorífica: la tierra se sacudió hasta en sus cimientos. Zeus, al fin consiguió fulminar a su rival insolente y del cuerpo de Tifón surgieron torrentes de fuego y llamaradas relampagueantes. No fue muerto, pero fue reducido a gemir encarcelado en los abismos subterráneos de la tierra.

Después de la derrota tampoco se extingue su poder maléfico. Tifón lo mismo que Satanás, fue el dios de las tinieblas y de la muerte, el enemigo de la luz y de las divinidades solares, el autor de los cataclismos atmosféricos y telúricos, que desencadena los elementos y amenaza y diezma la débil raza de los hombres. Cuando se agita, con su mole de gigante inquieto en las tinieblas de los infiernos, la tierra tiembla, se desploman las ciudades y los mortales desaparecen en la noche tras el estampido de los truenos. Los cráteres de los volcanes son las bocas por las cuales Tifón vomita el fuego que devasta los campos y sepulta las viviendas de los hombres. Pero algunas veces irrumpe de su cárcel y se lanza a los aires: él es el dios de las tempestades siniestras, de los temporales diluviales, de los huracanes gigantescos. Los rayos son sus flechas; el silbido furioso de los vientos es su voz. En su cólera destructora Tifón querría trastocar el cosmos y matar a los hijos de Dios.

Y él, como el Satanás del Génesis, está también asociado a la serpiente. Es representado por los artistas con busto de hombre y cabeza de serpiente. Ha elegido por esposa a Equidna, la Víbora y con ella ha procreado más monstruos, la Quimera, Cerbero y las Arpías que encontraremos después en el infierno de Dante.

Nosotros conocíamos un Lucifer, devorador de cadáveres solamente por el poema de Dante. Ningún comentarista de *La divina comedia* ha advertido que la Grecia antigua tuvo también un devorador de cadáveres. De ello tenemos noticias ciertas por la descripción que Pausanias, en su *Periegesi* o *Itinerario de Grecia* hace de las pinturas de Polignoto en el recinto sagrado de Delfos. El artista quiso representar en esta famosa decoración el averno y en él aparece Eurinomo que "come la carne de los muertos, dejando solamente los huesos". "Y representado por el pintor —prosigue Pausanias— en un color entre cerúleo y negro como son las moscas posadas sobre la carne, muestra los dientes, una piel de buitre está extendida bajo su asientos.[2]

Dante no conoció ciertamente la obra de Pausanias, pero no está de más hacer saber a los ignaros fantaseadores sobre una Grecia serena que en uno de los más famosos santuarios de la Hélade uno de los más célebres pintores había hecho campear la siniestra figura negra y azul de un demonio caníbal.

Eurinomo es, probablemente, el símbolo de la putrefacción así como Tifón es el mito responsable de las convulsiones aéreas y telúricas. Son por eso dos diablos naturalistas, bien lejanos por cierto de la malicia de la "serpiente antiguas y de las artes tentadoras de Mefisto y de sus compañeros. Son monstruos violentos y crueles más que insidiosos refinados y astutos como el maligno de los tiempos modernos. Pero están en ellos todavía los caracteres esenciales del diablo cristiano: la rebelión contra Dios, el deseo de matar a los hombres, la monstruosidad del aspecto y la tenebrosa residencia subterránea.

Todos los otros demonios, que aparecen a menudo en las antiguas obras griegas son de otra naturaleza y origen.

El daimon griego que vivía gustoso entre los hombres se asemeja muy poco al demonio de los cristianos. Hasta Sócrates tuvo su *daimon* familiar, pero era un benéfico consejero más bien que un seductor malvado.

Y sin embargo, en el demonio socrático, veo yo ya algunos rasgos del futuro Mefistófeles goethiano: hay algo en él del consejero irónico. Cuando el hijo de Sofronisco está en la cárcel y se aproxima la muerte ese demonio suyo le dice misteriosamente al oído: "Sócrates, estudia música. Sócrates, estudia música".

Ese consejo dado a un viejo de setenta años condenado a beber la cicuta, tiene todo el cariz de una burla diabólica. Pero hay todavía más: era un escarnio y un juicio. El Demonio, a mi parecer, quería decir dos cosas nada laudatorias. Primero reprobaba a Sócrates el haber dejado el arte para entregarse a la dialéctica. Y luego le recordaba que en su vida, en su pensamiento, había faltado el don más divino de la música: la armonía. Sócrates, en efecto, había sido un obstinado

---

[2] Pausanias, *Viaggio in Grecia,* X, 28, 7, (trad. S. Ciampi. Milán, Sonzogno, 1841).

disertador y perseguidor más que un buen ciudadano y un buen padre de familia. Y poca armonía había habido también en su apostolado filosófico, porque se había complacido demasiado en los juegos de las definiciones y de las deducciones, concediéndolo todo al árido intelecto racional y nada o casi nada a lo que hay de, más humano en el hombre. El demonio de Sócrates se hizo al final, su juez y, si bien se mira, su juez diabólico.

70

EL DIABLO MUSULMÁN

El Diablo, en el Islam, no tiene un papel secundario de cualidades como entre nosotros. Iblis (o *Saitan*) revela también en los nombres su descendencia del hebreo *Satan* y del cristiano *Diabolos*.

También él es un rebelde a Dios, un tentador de los hombres, un jefe de los malos espíritus. Por un solo aspecto, pero esencial, Iblis se distingue de nuestro Diablo y, sólo por esta diferencia, vale la pena ocuparnos de él.

Se trata de la razón por la cual se rebeló a Alá y fue lanzado del cielo. El *Corán* (VIII, 10-17) cuenta cómo anduvieron las cosas. Es Alá mismo quien se dirige a los hombres. "Nos os hemos creado. Nos os hemos dado vuestra forma. Entonces dijo a los ángeles: *Postraros delante de Adán*. Ellos se postraron excepto Iblis que no era de aquellos que se humillan. Dios dijo: *¿Qué te impide prosternarte cuando yo mismo te lo ordeno?* Iblis responde: *Yo soy mejor que él, Tú me has creado con el fuego y a él le has creado con el barro*. Dios dijo: *¡Vete de aquí! ¿De qué te enorgulleces? ¡Sal de aquí! En verdad que tú eres del número de los despreciados*. Iblis dijo: *Concédeme la vida hasta que ellos* (los hombres) *resuciten*. Dios dijo: *En verdad que tú tendrás esta tregua*. Iblis dijo: *Y puesto que Tú me has inducido al error yo los vigilaré para ver si van por el buen camino. Y velaré sobre ellos sin descanso, detrás y delante, a la izquierda y a la derecha y Tú no encontrarás entre ellos muchos agradecidos*. Dios dijo: *Sal de aquí, despreciado y expulsado. Y en cuanto a los que te sigan... yo llenaré el infierno con todos vosotros*".

Otro pasaje del *Corán* (XVIII, 48) señala la expulsión de Iblis, pero sin añadir nada de nuevo.

Según Mahoma, pues, la expulsión del ángel Iblis fue debida a la desobediencia, a los celos y al orgullo. Iblis no se rebela a Alá, porque quiera igualarse a Él, sino solamente porque no quiere arrodillarse delante del primer hombre, que considera un ser inferior. Algunos padres de la Iglesia, como hemos visto, habían atribuido la caída de Satanás a sus celos hacia Adán, pero en el *Corán* aparece, más que los celos, un sentimiento de valentía asombrosa, un impulso de orgullo que encuentra su justificación en un principio de justicia: "Mi naturaleza es más alta que la de Adán, ¿por qué, pues, debo prosternarme ante él?"

De esta su superioridad él deduce una sola razón: Iblis está hecho del fuego, Adán del fango. Y esta razón —también según la jerarquía de los elementos— parece fundada y legítima. Los espíritus angélicos, aun en nuestra teología, están hechos de luz y de llama, o sea de un elemento más noble que el "limo de la tierra". El fuego aspira a levantarse hacia el cielo: el lodo es sinónimo de deshonestidad y de vergüenza.

Alá, sin embargo, no se cuida de responder al argumento de Iblis. ¿Por qué misterioso designio el Dios de Mahoma exigía a las criaturas angélicas que se prosternasen a los pies de Adán? El *Corán* no lo dice y nos obliga a hacer mil conjeturas. ¿Acaso Alá sabía que en verdad el hombre —como había dicho ya San Pablo— es superior a los ángeles? O ¿es que quiso poner a prueba a las criaturas angélicas imponiéndoles este acto sublime de humildad?

De todos modos Alá, aunque encolerizado por la desobediencia de Iblis no lo desprecia: "no era de aquellos que se prosternan", dice el *Corán* y estas palabras pueden ser entendidas en dos sentidos: era demasiado soberbio para prosternarse, o también, la dignidad consciente de su alta jerarquía le impedía someterse a un homenaje tan humillante.

Alá, en efecto, no trata a Iblis con severidad inexorable. Le concede sin demora la tregua que el desobediente le pide y no le prohibe la anunciada venganza. Iblis espiará a los hombres y los perseguirá por doquier para demostrar a Dios que no son dignos de sus beneficios. Alá se contenta con advertir a todos, a los demonios y a sus secuaces, que irán a poblar el infierno.

La influencia de la *Biblia* es manifiesta —hasta en El libro de Job vemos a Satanás que vigila la conducta de los hombres, pero la explicación de la caída del Diablo ofrecida por el *Corán* es bastante distinta de la que encontramos en las tradiciones judaicas y cristianas.

El Diablo musulmán nos aparece con una aureola muy diferente de la que circunda al Diablo cristiano. Su figura es menos grandiosa y majestuosa, pero es también menor la malicia de su pecado. En su desobediencia hay indudablemente un aliento de orgullo, pero en su negativa a adorar al hombre no hay rebelión abierta contra Dios como la del Satanás cristiano. Y es extraño que el Islam, que nace como reacción a toda forma de idolatría, nos muestre a Alá, el dios único, que impone a sus ángeles un acto idólatra en honor de un ser hecho de barro. Desde el punto de vista del rigorismo musulmán Iblis se muestra, en cierto modo, más devotamente musulmán que el mismo Alá.

XII
ASPECTOS Y COSTUMBRES
DEL DIABLO

71

LA FEALDAD DEL DIABLO

Predicadores y pintores han tenido a gala, durante toda la Edad Media y después, en representar la fealdad espantosa de Satanás: en su origen fue el más hermoso de los ángeles; después, a consecuencia de su pecado, se volvió el más horrible de los monstruos. Hasta Dante dice de su Lucifer:

> Fue tan hermoso como ahora es feo...

Y está bien. Era justo que el señor del mal estuviese privado de toda belleza; inspirase horror.

Pero en la *Biblia* nosotros encontramos otra criatura que por su fealdad se asemeja a Lucifer. Leamos del profeta Isaías estos versículos:

"No tenía forma ni belleza que atrajese nuestras miradas, ni aspecto para que lo deseáramos". (LII, 2). "...muchos al verlo sentían horror: tan desfigurado era su semblante que por su aspecto no parecía ya de hombre". (LII, 14).

¿Quién es este personaje tan espantosamente presentado y tan semejante al Satanás de los cristianos?

Es como todos saben el "siervo de Jahveh", el futuro libertador de Israel, el "Hombre de los Dolores", es decir, el Mesías.

Toda la cristiandad ha creído siempre que en estos versículos proféticos de Isaías se anunciaba y representaba al Redentor, al Cristo.

Tan es así que muchos han supuesto, fundándose en estas palabras del gran profeta que Jesús no fuese tan bello como lo han imaginado los pueblos y lo han pintado los pintores, sino feo y casi deforme.

Esta imprevista semejanza entre Cristo y Satanás, es como las otras, sumamente misteriosa y tal vez inexplicable. Pero de las palabras de Isaías es lícito sacar una consecuencia segura: la fealdad de un ser no es siempre signo y argumento de su maldad.

72
LA BELLEZA Y LA NOBLEZA DE LUCIFER

Dante, como buen católico que fue siempre, a pesar de algunas opiniones suyas no del todo ortodoxas, vio con horror en el fondo del infierno a un Lucifer gigantesco y espantoso, pero no tan bestial como lo han representado los pintores de su tiempo.

Los poetas —y esto se prestaría a largos y sutiles razonamientos— tuvieron siempre una secreta simpatía por Lucifer y en Dante mismo, por más cristiano y medieval que fuese, esa simpatía algunas veces se trasluce, porque en su poema se ve llevado a recordar el primer estado de Satán, su esplendor y su nobleza más aún que su espantoso aspecto presente.

Cuando por primera vez lo descubre le viene a las mientes, en efecto, su antigua y maravillosa belleza:

> Fue tan hermoso como ahora es feo.
>
> (Inf., *XXXIV*, 34)

Y en otro lugar:

> Véase aquel que fue noble creado
> más que otra criatura.
>
> (Pur. *XII*, 25-26)

Y aún más:

> ...el primer soberbio
> que fue la suma de toda criatura.
>
> (Parad. *XIX*, 46-47)

Dante, pues, está dominado por las imágenes de lo que fue Lucifer en su estado original más que por la espantosa figura del presente;

piensa en su espléndida hermosura, en la nobleza de su primer estado, en la superioridad sobre todos los otros seres creados.

El mismo oficio que Dante asigna a Lucifer no es, cuando se reflexiona, un argumento y prueba de verdadero desprecio. El poeta considera a los traidores como los más condenables de los condenados e imagina que Lucifer tenga tres fauces para triturar a los más execrandos de los pecadores: Judas que traicionó a Cristo, y Bruto y Casio que traicionaron a César. Lucifer es, pues, para él un instrumento de la justicia de Dios contra aquellos que pecaron más gravemente. Instrumento monstruoso y feroz, pero siempre instrumento de Dios que ha puesto en sus fauces al mismo que traicionó a su Hijo encarnado.

El Lucifer, de Dante, no sonríe ni se carcajea, como lo ven algunos, sino llora: "con sus ojos lloraba". No llora, ciertamente, por la suerte de los tres condenados que está devorando. Llora por sí mismo, por su destino criminoso, acaso por el espectáculo de dolor que le rodea; llora, tal vez de rabia, pero también de remordimiento por su loca rebelión. Y el llanto es siempre un signo de sensibilidad y de nobleza. Lucifer, según lo describe Dante, no había perdido todo reflejo, todos los rasgos de la nobleza de su naturaleza original. Y que Dante no se equivocó en esto lo confirma un docto príncipe de la Iglesia, el cardenal Ildefonso Schuter, arzobispo de Milán. "El Demonio —escribe— es un espíritu que no ha perdido nada de su noble naturaleza".[1]

Y si no ha perdido su nobleza originaria no pudo haber perdido del todo mucho menos su belleza. Los poetas modernos, en efecto, desde Milton en adelante, presentan a un Lucifer triste y afligido, pero no desprovisto de su belleza doliente y majestuosa. Milton lo ve como a un arcángel vencido, pero siempre esplendente como un serafín. Recordad:

> ...su forma no ha perdido
> todo su original esplendor, no aparece
> menos que arcángel caído, y el exceso
> de gloria oscurecida...
> (*El paraíso perdido*, I, 591-594)

---

[1] Ildefonso Schuter. *Liber Sacramentorum*, vre, VII. Turín Marietti, 1927, página 286.

SATANÁS COMO EL RAYO

Cuando los setenta y dos apóstoles regresaron de la misión que les había confiado Jesús y contaron cómo habían vencido en su nombre a los demonios, las primeras palabras que dijo Él fueron éstas: "Yo veía a Satanás caer del cielo como un rayo" (Lucas, 7, 18).

Se alude con estas palabras a la derrota de Satanás como consecuencia natural de la predicación del Evangelio.

Mas puede parecer sorprendente la representación de Satanás elegida por Cristo: Satanás cae del "cielo". En la época de la encarnación Satanás no estaba ya en el cielo, pues desde tiempo inmemorial había sido precipitado de él, después de la rebelión en los primeros días de la creación. ¿Cómo podía, pues, caer ahora nuevamente del cielo? Por otra parte nadie ha dicho nada de este retorno que estaría además en contradicción con lo que sabemos de la caída de todos los ángeles rebeldes. Habría sido más natural que Jesús, después de las victorias obtenidas en su nombre lo hubiese visto hundirse aún más vertiginosamente en el abismo que era su morada.

Y es notable también el parangón con el rayo. El rayo, lo mismo que Satanás, quema y destruye, pero es siempre una manifestación de la cosa divina y por eso nada apropiada para representar al morador tenebroso de las tinieblas.

Como la palabra de Cristo es palabra divina y por ello más verdadera que la misma verdad humana, debe haber en esa imagen poética un significado oculto que nosotros no alcanzamos a penetrar plenamente. Tal vez algún antiguo padre ha encontrado ya ese significado, pero yo no lo conozco y de ahí mi asombro.

74
EL DIABLO Y EL FUEGO

Se ha creído que el elemento propio del Diablo es el fuego: la quemadura de las tentaciones, al aura sulfurosa que lo acompaña, las llamas del infierno.

Pero ha de observarse aún que el fuego no está asociado solamente a la figura y a la residencia del maligno. Este elemento prodigioso y espantoso aparece también en las manifestaciones de su victorioso antagonista.

Dios entrega las tablas de la ley en medio del fuego de un zarzal ardiente.

Dios desciende a consumar las víctimas del sacrificio bajo la forma de fuego.

Dios llama a su seno su profeta Elías sobre un carro de fuego.

El Espíritu Santo desciende sobre los discípulos en el cenáculo de Pentecostés en forma de lenguas de fuego. Dios, pues, puede ser identificado con el fuego como Satanás. Distinta si se quiere es la naturaleza del fuego divino y la del diabólico, pero se trata siempre del mismo elemento. El amor de Dios consume tanto como el odio del Diablo.

EL DIABLO COMO SERPIENTE

La primera forma asumida por Satanás en sus encarnaciones terrestres fue la de la serpiente.

Según el Génesis (III, 1) la serpiente es "el animal más astuto". Pero ¿nos hemos preguntado la razón de esta astucia, que es sagacidad y cálculo, de la serpiente? La serpiente es el animal más astuto, porque es también el más mísero, el más desventurado. El Creador fue con ella muy tacaño, tanto que llegó hasta la crueldad. No tiene alas para volar ni tiene aletas ni plumas, ni tiene piernas ni brazos ni manos. Por eso ella tiene necesariamente que concentrar toda su potencia para ofender y defenderse con la cabeza: en el veneno de sus colmillos y en la inteligencia de su testa achatada.

Todas las miserias tienen su compensación. La serpiente tiene que arrastrar su cuerpo en el polvo y en el fango de la tierra, pero es también el único animal que puede formar por sí mismo un círculo, que puede cerrar y encerrar la superficie del mundo dentro de un límite lo mismo que hace precisamente la inteligencia.

Serpiente no es, pues, *a priori,* un animal innoble sino más desgraciado que despreciable. Tan es verdad que cuando Moisés, en el desierto, vio a su pueblo errante atormentado por un mal ardiente, hizo fabricar una serpiente de bronce y quien la miraba curaba de aquel mal. Esta serpiente de Moisés, colocada sobre un asta, fue interpretada muchos siglos después como una representación simbólica de Cristo.

Isaías vio, en una visión dos serafines con sus alas que estaban al lado del Señor. Pero nosotros sabemos que la palabra *saraf,* en hebreo, significa "quemante" y también serpiente y en el sentido de dragón la emplea el mismo Isaías. Es, pues, probable que el nombre de *serafines* —el orden más elevado de los ángeles— derive de *saraf,* que significa también serpiente como hemos dicho.

La serpiente del Génesis ¿era quizás un serafín, el serafín caído Lucifer, en forma de reptil serpenteante? Nada de extraño tendría, pues, que Lucifer, el más alto de los ángeles debiera realmente haber pertenecido al más alto de los órdenes, o sea al de los serafines.

Jesús no amaba a las serpientes. Él dio a los apóstoles entre otras facultades taumatúrgicas, la potestad de caminar sobre las serpientes (Lucas, X) y llamó raza de víboras a los escribas y a los fariseos. Y, sin embargo, una vez como hemos dicho ya exhortó a los discípulos a imitar la prudencia de la serpiente.

Queda por explicar la profecía que el Señor dirigió a la serpiente, después de la caída de la primera pareja humana.

"¡Porque tú has hecho esto, serás maldita entre todas las fieras y animales de los campos! Tú caminarás sobre tu vientre y comerás el polvo todos los días de tu vida". (Génesis, 111, 14,15). Esto significa que la serpiente no era, en el momento de la tentación, como nosotros la vemos hoy. Si es condenada a arrastrarse sobre el vientre y a alimentarse del polvo quiere decir que hasta aquel día ella podía caminar como los otros animales y que su alimento no era polvo de la tierra, sino algo mejor. También la serpiente es un ser caído, pero Dios no dice, al menos aquí, que vendría a ser la cabeza de los demonios y el "príncipe de este mundo".

76
RETRATOS MODERNOS DEL DIABLO

Sabemos muy bien lo que el Diablo fue en la fantasía y en las pinturas de la Edad Media, y en el Renacimiento también, hasta el seiscientos, al menos por la iconografía popular: un monstruo bestial, hirsuto y deforme, con los ojos de fuego y una boca canina, dotado de altos cuernos y de cola larga, con pezuñas caprinas o cascos equinos, casi siempre desnudo y difundiendo en torno de sí hedores fecales y vaharadas sulfurosas.

Pero en el ochocientos cambia totalmente. El Diablo no aparece ya como el horrendo animalucho medieval y ni siquiera como una criatura que conserva los rasgos de su origen humano. Se transforma, se desbestializa, toma la forma y figura del hombre, de un hombre un tanto singular, un tanto excéntrico, pero que a pesar de esto no se diferencia demasiado de nuestra especie, si no es por sus actos y sus discursos. Ni ángel ni bestia, pero casi siempre un hombre más o menos bien vestido, que podría ser tomado a primera vista por uno de tantos personajes extraños y misteriosos que deambulan y visten como nosotros en nuestras ciudades.

Uno de los primeros escritores que lo vio en ese aspecto moderno y familiar fue Adalberto von Chamisso, en su maravillosa historia de Pedro Schlemil (1813). El Diablo se le apareció como "un hombre de edad, pálido, frágil, delgado y diminuto, que llevaba un antiguo jubón de tafetán gris ceniza". Su característica esencial es la delgadez hasta el punto de que un interlocutor de Pedro Schlemil lo compara "a una hebra de hilo escapada de la aguja de un sastre".

Otros muchos escritores del ochocientos representan al Diablo con un aspecto totalmente humano, pero la descripción más completa y acertada es la que encontramos en *Los hermanos Karamazov,* de Dostoievski.

El Diablo que se aparece a Iván Karamazov, en el capítulo nueve de la cuarta parte de esta gran novela, tiene la figura gallarda de un gentilhombre venido a menos. "Era un señor o, por mejor decir, una especie de *gentleman* ruso, no muy joven, *que frisaba en la cincuentena,* como dicen los franceses, con unas cuantas canas en los cabellos oscuros, aún largos y espesos, y en la barbilla cortada en punta. Vestía una corta chaqueta color canela, hecha evidentemente por un sastre muy bueno, pero bastante deteriorada por los años de uso y completamente pasada de moda, tanto que en la buena sociedad no se veía ya nada semejante. La camisa y la larga corbata a modo de banda eran dignas de los más elegantes *gentleman,* pero la camisa mirándola más de cerca, se veía sucia y la larga corbata muy ajada. Los pantalones a cuadritos le estaban a maravilla, pero eran a su vez excesivamente claros y estrechos, en comparación con los que se usan ahora, lo mismo que el sombrero fofo y claro de fieltro que él llevaba y que chocaba con la estación. En una palabra, un aspecto de decoro asociado a una gran pobreza de dinero... No llevaba reloj, pero en cambio portaba un monóculo con cerco de tortuga prendido de una cinta negra. En el dedo medio de su derecha lucía un anillo de oro macizo, con un ópalo de poco precio".

En 1904, en un relato fantástico intitulado *El Demonio me dijo,* quise también yo representar al Diablo en apariencia humana. "El Demonio, al menos como se ha aparecido hasta ahora, es una figura que se sale de lo ordinario. Es alto y muy pálido. Es aún bastante joven, pero con esa juventud que ha vivido demasiado y que es más triste que la vejez. Su rostro blanquísimo y alargado no tiene de particular más que una boca sutil, cerrada con hermetismo y una arruga única, profundísima, que se alza perpendicularmente entre las dos cejas y se pierde en la raíz de los cabellos. No he podido definir bien de qué color sean sus ojos, porque no los he podido ver más de un instante y no sé tampoco del color de sus cabellos, porque los esconde siempre una gran gorra de seda que no se quita nunca. Y viste elegantemente de negro y sus manos están indefectiblemente enguantadas".

Muy distinto de estos diablos humanizados es el que se apareció, en nuestros días, al músico Adrian Leverkühn (tal vez calcado sobre Arnold Scönberg) y que está descrito por Thomas Mann en su *Doctor Faust* (1947).

"Es un hombre sobre todo delgado, no alto y hasta más pequeño que yo, con una gorrita deportiva caída sobre una oreja, mientras
que sobre la otra resaltan los cabellos rubios de la sien. Tiene las cejas
rojizas, la cara cérea con la punta de la nariz curvada un tanto hacia
abajo. Sobre una camisa de malla a líneas transversales lleva una chaqueta a cuadros con las mangas demasiado cortas por donde sobresa-
len las manos de dedos achatados. Usa pantalones excesivamente estrechos y las botas amarillas tan usadas que no se pueden limpiar ya.
Un rufián, un pobretón con una voz engolada de actor de teatro".

Pero en el curso del diálogo con Adrián ese ser tan vulgar se trans-
figura: "Durante su último discurso el individuo que tenía delante de
mí se había transformado. Mirándolo bien me parecía distinto al que
era antes. No tenía ya el aspecto de un rufián o de un pobretón, sino
que me parecía algo más superior: tenía el cuello blanco, una corbata
anudada y sobre la nariz curva portaba los anteojos cercados de cuer-
no detrás de los cuales brillaban dos ojos vivos un tanto inflamados;
en su cara había una mezcla de pureza y de morbidez; la nariz dura,
los labios duros, pero el mentón blando con un hoyuelo en cada meji-
lla; la frente pálida y arqueada sobre la cual se distribuía el cabello que
era espeso y largo, negro y lanoso… Además de esto, tenía las manos
mórbidas y delgadas que acompañaban con gestos finamente descuida-
dos las palabras que decía y que pasaba de vez en vez delicadamente
sobre los cabellos espesos de las sienes o del occipital".

Muchísimas más representaciones del Diablo humanizado se podrían encontrar en los escritores del ochocientos y del novecientos, pero
bastarán las ya citadas para darnos una idea de la radical transformación operada en el príncipe de las tinieblas de nuestro tiempo. Estamos
lejos, muy lejos ya del Lucifer dantesco, colosal y tricéfalo, y de los
animaluchos pilosos y espantables, furiosos y flamigerantes de los pintores de frescos y de los miniaturistas de la Edad Media.

En el tardío Renacimiento, desde Milton en adelante, Lucifer con-
quistó su tétrica belleza heroica y conservó en su aspecto siempre algo
más de su origen sobrenatural. Pero hoy el Diablo ha entrado resueltamente en la esfera humana: se ha hecho hombre, a imagen y semejanza del hombre: un hombre que puede parecer una vez un burgués
en buena posición, otras un caballero venido a menos, un poeta vaga-
bundo, un rufián vulgar, pero nunca desemejante de esos hombres, más

o menos extraños que podemos encontrar todos los días en las aceras de una gran ciudad.

Esta moderna transformación del viejo y horrendo Satanás no es debida solamente a motivos estéticos. Los hombres hoy sienten que el Demonio está de continuo en medio de ellos, que representa el mal y el tormento que están en ellos mismos y, por eso, se les parece en todo hasta en los vestidos: es su compañero de camino y de vida, su hipostasis, su socio, su doble, su hermano carnal. El Diablo se ha encarnado y se ha hecho hombre: es el hombre.

77
EL DIABLO BUEN CONVERSADOR

No es verdad que la Edad Media, la santa y profunda Edad Media, viese en el Diablo solamente el monstruo feroz y obsceno, pelambroso y lleno de garras. Muy a menudo, empero, especialmente en la literatura, el ángel derrotado se presenta como una criatura agradable y asequible, como un caballero que conoce el arte de hacer la corte a las mujeres y a los hombres. Demuestra cuando quiere ser un hábil halagador y un lisonjeador obstinado.

Bastarían dos ejemplos. El primero es tomado de una representación sagrada francesa, mejor normanda, del siglo XII: *Le Jeu de Adam*. El Diablo se aprovecha de una ausencia de Adán para hablar a Eva. Y sus juicios sobre Adán son extraños y contradictorios: es tonto, duro y, a la vez, servil. Y continúa dirigiéndose a la mujer: "Si él no quiere cuidarse de sí mismo que cuide al menos de ti. Tú eres cosa débil y tierna y más fresca que la nieve; tú eres más blanca que el cristal, que la nieve que cae sobre la helada de los valles. El Creador ha hecho de vosotros una pareja mal avenida tú eres demasiado tierna y él es demasiado duro; por lo tanto tú eres la más sabia, porque sometes tu corazón a la razón".

El arte de Satanás aquí es más sutil de lo acostumbrado. Finge creer que la suave belleza de Eva sufrirá al contacto con la dureza de Adán: parece un amante que ansía arrebatar la mujer graciosa a un hombre grosero y rudo. Y habla en efecto, como un enamorado, con imágenes dignas de un trovador y no loa sólo la belleza de Eva, sino su sabiduría. El anónimo autor de *Le Jeu de Adam*, un astuto normando, ha querido explicar lo que el Génesis no explica: o sea de qué manera Eva fue conquistada y convencida por Satanás.

El ejemplo es totalmente distinto. Satanás esta vez, se dirige a un convertido, a un asceta, a un medio santo. La tentación es narra-

215

da por el mismo que la sufrió y la venció, por el gran poeta Jacopone de Todi.

En la cuadragésima séptima loa (de la edición de 1490) titulada *De la Battaglia del Nemico,* el fraile todino refiere los hábiles elogios que Satanás le dirige con la esperanza de hacerlo caer en el pecado capital de la soberbia.

> El enemigo dice así: Hermano, hermano, tú sí eres santo,
> gran fama y renombre de tu nombre hay en todas las lenguas.

Pero como Jacopone no cae en semejantes acechanzas, recurre el Diablo a otros argumentos y le reprocha haber echado tamaña penitencia sobre su cuerpo "que está viejo y decaído".

> Tú debes amar al cuerpo — como amas a tu alma
> porque te es de gran utilidad — la prosperidad tuya.

El debate continúa vivísimo y Satanás, aunque insiste en su primera tentación, termina confesándose vencido:

> Hermano, hermano, me has Vencido — no tengo más que decirte
> que eres verdaderamente santo — así te sabes defender de mí.

Pero ni aun esta vez Jacopone se deja ganar por el enemigo y, por el contrario, en esto ve un motivo para estar más alerta contra él.

Pero está claro que los poetas, el francés del siglo XII y el italiano del XIII, se dan cuenta de que el arma más insidiosa del Diablo no es la violencia o el terror, sino la dulzura y la lisonja. En la mujer bella loa la belleza; en el fraile santo, la santidad. Satanás es feo y perverso, pero, a pesar de esto, con tal de vencer, se hace cantor de lo que le falta: de la belleza y de la santidad.

78
LAS ALEGRÍAS DEL DIABLO

Juan Bautista Marino fue el primer poeta moderno quizá que habla de la tristeza de Satanás.

En los ojos donde hay tristeza y muerte...

Los otros poetas, desde Milton en adelante, recargaron la dosis y
el Diablo fue representado, especialmente por los románticos, como el
ser condenado a una angustia perenne.

Este dolor oscuro existiría en él solamente en el caso de que el
Diablo lamentase la felicidad perdida.

Añorar significa dar valor a lo que nos fue quitado: si Lucifer año-
rase el amor de Dios y la beatitud celeste, podría pensarse que da importancia a aquellos bienes, es decir los reconoce como felicidad y, por
consecuencia, que desea reconquistarlos. Pero semejante deseo bastaría para salvarlo, para redimirlo, porque sería señal de remordimiento,
de encaminamiento hacia el amor.

Puede darse que él tenga el *recuerdo* de su beatitud original, pero
el solo recuerdo si es acompañado por el desprecio que es el efecto de
su orgullo, no bastaría a ponerlo triste.

Se necesitaría la *añoranza* y si él la tuviese y fuese sincera tal vez
podría volver a subir al cielo.

Pero si esa nostalgia dolorosa no existe en él —al menos no tenemos de ello prueba alguna— se podría suponer, y no sin razón, que
no faltan en la vida del Diablo motivos de alegría.

Su misión suprema, para vengarse de Aquél que lo despeñó en el
abismo, es el de aumentar el número de condenados, o sea el de robar las almas a Dios. Y como tal aumento es, a juzgar por lo que ocurre sobre la tierra, continuo y creciente, el Diablo debe alegrarse y no
poco de esta victoria suya.

En las almas que consigue hacer suyas el Demonio vence a su rival, o sea a Dios, y esto debe procurarle un gozo no pequeño.

En algunos momentos de la historia humana, cuando la cosecha de las almas es abundante y fácil, es lógico imaginarnos un Satanás radiante de perversa voluptuosidad.

¿PUEDE PERDONAR EL DIABLO?

Si el Diablo, como hemos visto, es capaz de alegría, podemos aventurar la hipótesis de que es capaz también de perdón.

La embriaguez de la victoria inclina, habitualmente, a la clemencia. Esto ocurre en las almas humanas aun en las más malvadas. Puede presumirse, pues, que también Satanás, en momentos de satisfacción jubilosa ha de sentirse impulsado a la indulgencia, ha de tener un impulso de generosidad, que le induzca a conceder gracia a alguno de los que están para sucumbir a sus tentaciones, dejándolo en paz.

Que él aparte sus ávidas garras de la víctima ya casi vencida parecerá increíble. Satanás, se dirá, no es capaz de perdón, porque el perdón supone piedad y la piedad nace del amor, que a él le está negado, pero podría suponerse que el Diablo se comporta de esa forma no ya por misericordia, sino por mero capricho, por un impulso extravagante suscitado por la excesiva abundancia de las presas, quizá por desprecio hacia un alma demasiado inerme.

XIII
UTILIDAD DEL DIABLO

¿ES NECESARIO EL DIABLO?

Satanás es el gran apóstol y cómplice del pecado y por esto es combatido por todas las religiones de los pueblos civilizados. Pero ¿somos realmente justos en esta condena universal y total?

Si observamos objetivamente la vida común de los hombres tal como se manifiesta hoy día a los observadores no prevenidos, hemos de reconocer que nuestra vida, o al menos la de la mayoría, no sería posible, si no concedemos algo al pecado, o sea al Demonio.

Sin un elemento de orgullo, algunas veces admitido y confesado, no existirían poetas, artistas, filósofos, grandes jefes de pueblo ni héroes. Dante, que es aún considerado el poeta sumo del catolicismo, no disimula la alta idea que tenía de su propio genio. Lo que se llama por cierto puntillo de indulgencia el "amor propio", el "sentimiento justo del propio valer" no es más que una forma, bien que atenuada y ennoblecida, del viejo orgullo, del pecado de la soberbia.

Y sin el estímulo de la "libido", de la concupiscencia carnal, quedaría interrumpida la aparición de las almas sobre la Tierra; sin un mínimo de lujuria no nacerían vírgenes ni santos.

La ira, bajo las denominaciones de "generoso desprecio" y de la "legítima indignación" lleva al deseo y cumplimiento de la justicia.

La pereza es también uno de los pecados capitales, pero el fundador del Taoísmo —Lao-tze, que muchos disputan superior a Confucio— eleva la sabiduría del "no hacer" a fundamento de su doctrina.

La misma avaricia, aun siendo el más sórdido de los pecados, contribuye a la virtud del ahorro y a la prosperidad de los pueblos. El famoso médico Mandeville demostró en su *Favolla delle Api* (1705), que los vicios privados son necesarios a la pública prosperidad.

Ciertos pecados, pues, purificados y sublimados, en pequeñas dosis, contribuyen a la conservación de la especie humana. La verdadera malignidad del Diablo consiste más que en sugerir los pecados en querer agrandarlos, en incitar a sus excesos.

Pero la intervención del Diablo es útil, podría decirse necesaria, aunque en otro sentido, negativa y no positiva. Todos los manuales de moral y de ascética enseñan la táctica y la estrategia del "combate espiritual" o sea la diaria defensa del hombre piadoso contra las acechanzas y los asaltos de Satanás. La tentación diabólica es la piedra de toque del auténtico "hombre de Dios". Una criatura floja, fría, insensible que no hiciese el mal por simple indiferencia, por pereza o falta de imaginación, y por esto, que no se encontrase nunca en trance de rechazar una tentación, de tener que luchar con el Diablo, no alcanzaría nunca un verdadero mérito a los ojos de Dios, que premia justamente a los victoriosos y no a los mediocres.

Las actividades del Diablo son, pues, una ayuda a la salvación de las almas, porque únicamente cuando son puestas a prueba se hacen merecedoras al premio de la bienaventuranza. Las tentaciones diabólicas, cuando son vencidas y no obedecidas, colaboran en la otra de la salvación. Sin la victoria sobre el Demonio no hay verdadero mérito ni hay paz final. Las artes y las armas de Satanás son instrumentos que, contra su voluntad, nos encaminan a la salvación. Instrumentos crueles, pero de los cuales en determinados casos no podemos prescindir. Satanás, con su odio contumaz, puebla el infierno pero, al mismo tiempo, también puebla el Paraíso. Muchos, si no hubiesen superado felizmente la prueba de las tinieblas no gozarían de la alegría de la luz.

Y esto se manifiesta con magnífica evidencia en la santidad. La santidad es mal vencido y rechazado, si el mal (Satanás) no existiese, no existirían los santos. Satanás, pues, tiene un oficio insustituible, una misión providencial. Y en este sentido puede afirmarse que el Diablo, por voluntad divina, es un coadjutor de Dios.

Satanás es el adversario, pero, sin adversario, no tendríamos batalla y, sin batalla, no alcanzaríamos la victoria y la gloria.

Quien pretenda quitar al Diablo su parte justa quitaría también algo a Dios que no ha constituido al príncipe de este mundo sin un fin y sin un designio, del cual podemos entrever, pero no comprender plenamente, su sabiduría sobrenatural.

El Diablo es odio, pero hasta su odio —y es una de las más dramáticas paradojas del cristianismo— es necesario al triunfo del amor.

¿VIENE DE SATANÁS TODO EL MAL?

¿Estamos totalmente seguros de que todos los pecados de los hombres son debidos a las provocaciones y maquinaciones del Diablo? ¿No puede ocurrir, al menos alguna vez, que el calumniador sea calumniado?

Sabemos que en nosotros es muy común y fuerte la repugnancia, mejor la repulsión, a reconocer nuestras culpas y a aceptar nuestras responsabilidades. Gusta inmensamente a todos, a cristianos y no cristianos, dar el *mea culpa* en el pecho de los otros. Y cuando el pecado es exclusivamente nuestro y no transferible encontramos siempre un medio cómodo y expeditivo para descargarnos de la parte más pesada. Ora es el destino y el determinismo, ora es la fatalidad histórica, ora la prepotencia del instinto y del inconsciente. Y con mucha más frecuencia —y no sólo entre los creyentes— son las instigaciones de Satanás. Si damos oídos a los pecadores, tanto a los que están encerrados en las prisiones como a los que andan libres, todos son inocentes. Todos son inconscientes como corderillos añales, víctimas de insidias ajenas o de fuerzas oscuras.

Los antiguos hebreos habían dado forma visible y ritual a este rechazo de la culpa y cada siete años arrojaban ignominiosamente al desierto al chivo expiatorio, al cual le habían transmitido, con ceremonias mágicas, todos los pecados del pueblo. Su nombre Azazel ha venido a ser uno de los nombres del Diablo y es asociado al culto mágico de Satanás por brujos y hechiceras.

Aún en nuestros días el Diablo hace a menudo el papel de chivo expiatorio. Se olvida fácilmente los malos estímulos de nuestra sangre, las concupiscencias naturales de nuestra carne, las perversas disposiciones de nuestro ánimo y las recaídas morbosas de nuestro espíritu y gustosamente endosamos todos nuestros errores y furores a Satanás.

No hay duda de que el maligno realiza día y noche su trabajo sutil y terrible en las almas de los hombres y bastante más a menudo de lo que los "espíritus fuertes, libres e iluminados" están dispuestos a admitir. "El Demonio —decía con razón Huysmans— no tiene necesidad de mostrar su fisonomía humana o bestial para atestiguar su presencia; le basta, para que él se afirme, con elegir domicilio en las almas e incitarlas e inducirlas a crímenes inexplicables; después puede retenerlas por esta esperanza que les inspira de que en lugar de vivir en ellas como hace y como ellas a menudo ignoran, él obedecerá a sus invocaciones, aparecerá y dará ventajas que concederá a cambio de ciertos privilegios. El deseo sólo de querer pactar con él le da poder casi siempre para realizar su efusión con nosotros".

La técnica del adversario es refinada y compleja de forma que sabe aprovecharse de una fantasía fugaz y hasta del escepticismo para hacer que los hombres se sometan a sus deseos. Pero sería peligroso para nosotros e injusto para él atribuir a obra demoníaca la masa global de los pecados humanos. En todo caso, si el Diablo es más fuerte que el hombre y si todo mal del mundo es obra suya, se sigue de esto que todo hombre es inocente de verdad y, por consiguiente, que toda condena es inadecuada.

Sabemos ya que el pecado original ha degradado la naturaleza humana y la ha hecho esclava del tentador, pero también es verdad, al menos para los cristianos, que Cristo ha venido para restituir a los hombres la posibilidad de salvación, para liberarlos del vasallaje de Satanás.

Cuando se habla del rescate esta palabra debe ser comprendida y sentida en su significado concreto: Cristo ha pagado por nosotros, ha recuperado las criaturas esclavas del mal para darles completa libertad. Y es demasiado cómodo, después de la Pasión y la Redención, cargar todas nuestras culpas a las espaldas del Demonio. Haciéndolo así, no advertimos que hacemos del Diablo un facsímil de Cristo. Éste es el Cordero que asume todos los pecados del mundo y Satanás es la serpiente que carga con todos los pecados del mundo. El hombre vendría, por esto, a ser nada más que el campo de batalla del bien y del mal, del amor y del odio, del Salvador y del tentador. Ésta era la teoría de Lutero, pero no puede ser la de los católicos.

El hombre, haciendo caso omiso de la caída de Adán, tiene cierta naturaleza, cierta ley de conducta que no puede ser obra del Diablo.

Satanás es un destructor, no un creador. Él ha corrompido al hombre, pero no lo ha modelado con sus manos. Los sentidos y los órganos del hombre no han sido fabricados por el Diablo: es algo que nos pertenece íntimamente y que no es extraño siempre a las desviaciones del pecado. La llamada "carne" o sea el cuerpo humano con sus necesidades y sus deseos, y que tantas veces turba y agita nuestra alma, no es invención de Satanás. Él se aprovecha de ella, pero no podría aprovecharse si la sustancia de que estamos hechos fuese más sólida y resistente, si nuestra voluntad estuviese más alerta y fuese más aguerrida. Nuestra desventura, más que nada, consiste en no resistir a sus tentaciones, pero de esta incapacidad, de esta debilidad, ¿podemos honradamente echar siempre la culpa al tentador? El que atribuye la responsabilidad de todos los pecados al Diablo, hace de éste, aun sin quererlo, un ser omnipotente, o sea otro Dios.

El combate espiritual del cual hablan moralistas y ascetas no es una vana palabra, una metáfora platónica. Estamos invitados a guerrear contra Satanás: en este sentido ha de entenderse la famosa frase de Cristo según la cual, Él no vino a traer paz sino la espada. Si en esta lucha somos tan a menudo vencidos ¿es lícito echar siempre la culpa a la fuerza de Satanás antes que a nuestra flaqueza o, por decirlo latinamente, a nuestra imbecilidad?

82
EL DIABLO COMO LIBERADOR DEL MAL

"El Diablo, escribe Weininger, es la personificación objetiva y genial de un pensamiento que ha facilitado a millones de hombres la lucha contra el elemento malvado que está encerrado en el pecho de cada uno, ayudándole a proyectar el enemigo fuera de sí mismo y a distinguirse y a separarse de él".[1]

Weininger no cree en la existencia real de Satanás —aunque judío de nacimiento se convirtió después al protestantismo— y atribuye a la creencia en él un valor catártico, que trastueca extrañamente la opinión dominante.

Es decir, el Diablo no es ya el que inspira o aumenta la maldad en el alma humana, sino una entidad mental elaborada por el hombre para mejor combatir el mal, o sea para disminuir en sí mismo el influjo o la potencia. El Satanás imaginario de Weininger no es ya el tentador pero, en cierto modo, es el liberador del pecado.

Si esta teoría fuese verdadera debería observarse una efectiva disminución del mal entre aquellos que creen en ella. Y es bien verdad que los santos creen en la existencia del Demonio y que en ellos, más que en los otros, se atenúan y borran las huellas del pecado original.

En el Diablo, sin embargo, creen con igual seguridad hasta las muchedumbres cristianas y creen en él, sobre todo, aquellos que se jactan de tener con él relaciones íntimas como los magos, los brujos y cierta clase de ocultistas. Pero la moralidad del pueblo, aun en los países cristianos, ha sido siempre bastante baja. Y en cuanto a la ralea de los satanistas conocemos o intuimos la torpeza de sus pensamientos y costumbres.

---

[1] O. Weininger, *Intorno alle cose supreme.* Turín, Bocca, 1923, página 54.

Weininger es un racionalista y hombre de ciencia que, siguiendo el pensamiento de Feuerbach, hace del Diablo un ser irreal, proyección y ficción pragmatística del instinto y de la facultad "fabulatoria" del hombre. Pero esta hipótesis, aunque bastante difundida, ha quedado perentoriamente desmentida por la experiencia y por la historia.

83
EL DIABLO Y EL PAN SIN SUDOR

Dios, como sabemos por el Génesis (III, 19), había condenado a Adán, después del pecado, a procurarse el sustento, con su trabajo, del suelo árido y espinoso: "comerás el pan con el sudor de tu frente".

Recuérdese ahora la primera tentación de Satanás a Jesús: "haz que estas piedras se vuelvan panes". El tentador quería que el pan fuese producido por la súbita transformación de las piedras. Es decir, pretendía que Jesús librase a los hombres de la pesada fatiga y del sudor; quería, en consecuencia, la abrogación de la antigua condena divina. Satanás, que es antidios, trataba de que fuese abolido un viejo decreto y que el hombre no estuviese ya obligado a comer su pan al precio de su sudor.

¿Se trata en este caso de una dolosa tentativa de hacer retractarse al mismo Dios en la persona de su Hijo de lo que él había decidido para castigar al desobediente?

¿O no podría tratarse, sobre todo, del deseo de venir en ayuda del hombre condenado por su culpa a la milenaria expiación por el trabajo, invitando a Dios a proveerle el pan con un prodigio? ¿Había en el ánimo de Satanás un remordimiento por ese sudor de la frente humana derramado durante milenios a consecuencia de su instigación maligna?

En este caso, Satanás se nos aparece bajo un aspecto totalmente nuevo: como un liberador, como un rescatador del hombre. Aun contradiciendo a las leyes divinas, quiere redimir a los hijos de Adán de una, al menos, de las consecuencias del pecado. Satanás aparece al lado del Redentor espiritual, como un redentor material, como un amigo del hombre.

XIV
FIN DEL DIABLO

84

¿VOLVERÁ A SER ÁNGEL EL DIABLO?

En la segunda epístola de San Pablo a los corintios encontramos una afirmación por demás sorprendente. "El mismo Satanás —escribe el apóstol— se disfraza de ángel de luz". (XI, 14).

Si estas palabras no fuesen de un santo inspirado por Dios podrían antojarse asombrosas y casi increíbles. Nosotros sabemos, por las *Escrituras* y por la tradición cristiana, que Satanás se presenta en varios aspectos y disfraces: como reptil, como perro, mujer, sátiro o monstruo. Pero ¿se ha concebido alguna vez que pueda volver a tomar su aspecto primero, de "ángel de la luz"? ¿Es de presumir que, después de haberse hecho indigno de aquella veste esplendente con su rebelión, pueda cuando se le antoje endosársela otra vez para engañar y traicionar más fácilmente a los hombres?

Y, sin embargo, las palabras de San Pablo no dejan lugar a dudas. Al contrario, el apóstol insiste en ese concepto suyo y continúa a este tenor: "No has de extrañar, pues, que sus ministros se disfracen también de ministros de justicia..."

San Pablo se refiere claramente a aquellos falsos apóstoles que, en nombre de Cristo, podían embaucar y confundir a los fieles con la apariencia de una falsa santidad; pero queda siempre oscuro el misterio de esa afirmación tan lacónica suya.

Si el Diablo se ha mostrado alguna vez en forma de ángel de la luz ¿no es para dudar, necesariamente, de que algunos de aquellos cristianos que tuvieron visiones y apariciones de ángeles hayan sido engañados por el príncipe de las tinieblas?

85
¿SERÁ SALVADO EL DIABLO?

Le teología católica enseña que las penas infernales son eternas y que Satanás, por esto, no será nunca readmitido en los coros angélicos. Pero algunos teólogos de los primeros siglos cristianos y algunos poetas de los tiempos modernos, tuvieron distinta opinión.

El gran Orígenes, inspirándose en la doctrina estoica de los ciclos cósmicos, creyó y sostuvo que la redención era el principio del retorno de todos los seres creados, ahora divididos y corruptos, al seno infinito de la perfección divina. La redención, según Orígenes, no era solamente para los hombres, sino para todas las cosas del mundo. En el principio del tiempo fue la aspiración de Dios, la Creación, pero con la Encarnación había comenzado la aspiración, o sea, el gran retorno de lo bajo hacia lo alto, de la materia hacia el espíritu, del mal transitorio hacia el bien eterno. La historia del universo, en esta grandiosa concepción, estaba dividida en dos edades, señaladas por dos momentos de la inmensa respiración de Dios: la efusión creadora y la reasunción redentora. La venida de Cristo era el centro de la vida cósmica: Dios que se expande en las criaturas y las criaturas que retornan a Dios. La finalidad última de la redención era el gran retorno, la reconciliación universal, o sea lo que Orígenes llama la *apocatatasis*.

El teólogo alejandrino, llevado por esta idea suya, llegaba a admitir también la salvación final del Diablo. En efecto, creía que los demonios volverían a ser ángeles. "Los unos antes, los otros después, tras largos y terribles tormentos, retornarán a las filas de los ángeles; luego se elevarán a los grados superiores y ganarán las regiones invisibles y eternas". (*De Principiis*, I, 6, 3). El mismo jefe de los demonios será redimido al final. Orígenes, consciente de la audacia de su teoría, no llama al Diablo por su verdadero nombre, sino con el de la muerte, recordando que, según las palabras de San Pablo, la muerte entró

234

en el mundo con el pecado. Pero el texto de Orígenes demuestra que se trata verdaderamente del Diablo. "El último enemigo, que se llama Muerte, será destruido y no habrá ya tristeza y no habrá tampoco oposición, pues que el enemigo habrá desaparecido. Este último enemigo no será destruido en el sentido de que sea aniquilada su sustancia hecha por Dios, sino en el sentido de que desaparecerá *la perversidad de su deseo,* que es obra suya y no de Dios. (*De Principiis,* III, 6, 5).

La opinión de Orígenes fue aceptada por San Gregorio de Nysa, si hemos de dar crédito a dos pasajes de su *Discurso Catechetico* (XXVI, 5, 9). Afirma él que Dios por medio del lazo tendido al Diablo con la crucifixión de Cristo "no ha hecho solamente el bien a la criatura perdida, sino también al autor de nuestra perdición". Y más abajo confirma que Dios por medio de las etapas que terminan con la prueba de la muerte, "liberando al hombre del vicio, ha liberado también al autor mismo del vicio".

San Jerónimo fue, en su juventud, gran admirador de Orígenes y en su comentario a la Epístola a los efesios (16) declara creer en la salvación final del príncipe de este mundo: "En los tiempos de la restauración universal —escribe San Jerónimo— cuando el verdadero médico, Cristo Jesús, venga para curar el cuerpo de la Iglesia, hoy dividido y dislacerado, cada cual… recuperará su puesto y volverá a ser lo que fue en su origen… El ángel apóstata tornará a su primer estado y el hombre volverá a entrar en el Paraíso del cual fue expulsado".

Como un último eco de esta esperanza misericordiosa se encuentra en un escritor de fines del siglo IV, conocido hoy bajo el nombre de *Abrosiaster,* el cual en el comentario a la Epístola a los efesios (III, 10) repite que todas las criaturas, al final, serán salvadas, incluso los demonios.

Pero después de este tiempo ningún otro escritor eclesiástico ha osado reanudar el amoroso vaticinio de Orígenes. Tal vez uno de los principales obstáculos para la aceptación de la teoría de Orígenes fue el famoso versículo, contenido en el apólogo de Jesús sobre las últimas cosas, en el que habla Él de las cabras, que estarán a su izquierda y las amenaza así: "Apartaos de mí, malditas, al fuego eterno que ha sido preparado por el Diablo y por sus ángeles". (Mateo. XXV. 41).

Esta amenaza entraña una prueba inconfundible de la eternidad de las penas infernales, pero se trata de una interpretación excesivamente fácil y demasiado fácilmente aceptada.

En realidad, la palabra *eterno* en el texto original griego tiene el significado de *siempre*, o sea algo perenne en el tiempo, pero no indica eternamente, como resulta también de la aceptación más antigua que se refería a la duración de la vida humana, un concepto absoluto y metafísico de la eternidad, o sea de aquella que trasciende por definición el tiempo.

El fuego, por consecuencia, quemará hasta que exista lo que San Pablo llama "figura de este mundo": quemará siempre mientras dure la realidad presente, pero cuando, después del fin de los tiempos, haya nuevos cielos y nuevas tierras, y el tiempo haya terminado, también el infierno desaparecerá. El infierno, pues, tiene una duración perpetua, en el sentido estrictamente temporal, o sea sobre un plano inferior, distinto de la eternidad.

Baste pensar que una cosa verdaderamente eterna no pudo tener principio ni fin, mientras sepamos que el infierno fue creado y por ende tuvo principio, necesariamente ha de tener fin.

Repugna a la mente humana la idea de una eternidad que haya tenido un comienzo, porque lo eterno presupone un "siempre" en ambos extremos tanto en la dirección del pasado como en la dirección del futuro.

El infierno no fue "siempre", porque tuvo principio solamente a la caída de los ángeles rebeldes y nada hay que nos impida esperar que tenga un fin con todo el resto del mundo creado.

Por esto es lícito creer que una de las consecuencias de ese fin será también el final de la rebelión, o sea el feliz retorno de Satanás y de los suyos al esplendor de la eternidad.

En los tiempos modernos conozco un solo testimonio de esta opinión tan conforme al concepto cristiano de Dios, pero está en la obra inédita de un escritor italiano, ortodoxo catolicísimo, Gustavo Benso di Cavour, hermano del célebre Camilo. En el archivo Cavour di Santena se conserva, manuscrito, su *Essai sur a la destination de l'homme*, donde, en cierto pasaje, se dice que la misericordia de Dios es tan grande que podría librar también a los condenados del infierno. Cavour, que era discípulo y amigo de Rosmini, sometió su obra al examen del gran filósofo de Rovereto quien, en una apostilla suya escrita a lápiz perfectamente legible en el manuscrito del *Essai* aprueba y justifica la opinión de Cavour y añade "que si bien no puede haber ya para los condenados esperanza de redención en un mediador o enviado cualquiera, no quiere decir esto que haya de admitirse necesariamente la consecuencia de que Dios, por su absoluta potencia y bondad, esté imposibilitado para sacar, queriéndolo, las almas del infierno".

Este pensamiento de Rosmini no es propiamente el de Orígenes, pero se le acerca mucho, puesto que admite que Dios, por su caridad omnipotente, puede interrumpir las penas eternas. Esta opinión suya, natural en quien fundara al Instituto de la Caridad tiene una gran importancia, porque proviene de uno de los filósofos católicos más puros y profundos de los tiempos modernos. Quizá pudiéramos encontrar otros testimonios semejantes en las obras de filósofos y teólogos, pero sabemos que esa doctrina no forma parte de la enseñanza oficial de la dogmática.

La idea de Orígenes ha sido tomada, empero, desde el siglo XVI en adelante por los poetas.

El primer indicio de la resurrección de esta doctrina podemos hallarlo en Joost van den Vondel (1587-1679), gran poeta dramático, considerado justamente como el Shakespeare holandés. En la última escena del cuarto acto de su *Lucifer* (1654) el coro de los ángeles fieles pide a Dios que perdone al rebelde: "Tú. Padre... fuente de todo lo que existe, Tú ves cómo el jefe de los espíritus osa levantarse contra tus mandamientos, cómo hace resonar sus tambores y sus trompas y, cegado por la ambición, te desafía desde lo alto de su carro. Ten piedad de este acto sacrílego". Y el arcángel Rafael se une a esa imploración: "Perdona, en tu misericordia. ¡Oh, perdona a ése que quisiera poner en su cabeza la corona de las coronas!"

En este momento de la tragedia de Vondel no ha sucedido aún la batalla con las milicias angélicas que terminará con la derrota de Lucifer, pero ha tenido lugar ya la rebelión: el pecado máximo del arcángel se ha consumado ya y, sin embargo, los ángeles esperan aún que podrá ser perdonado.

Pero para volver a encontrar la idea de la redención de Satanás es preciso esperar a los románticos del ochocientos. Alfredo de Vigny compuso en 1824, *Eloa,* donde imagina que una mujer, por amor al maldito, consiente en vivir con él en el infierno. Más tarde De Vigny pensó escribir, una segunda parte a *Eloa* que titularía *Satán sauvé*, pero de ésta quedan sólo algunos apuntes publicados, póstumamente, en el *Journal d'un poeta*. El poeta imagina que un día Eloa, ya en el infierno, osa mirar hacia arriba y sonríe. Satanás se asombra. Y ella le responde:

"¿Oyes? ¿Oyes el rumor de los mundos que se desploman y caen en el polvo? Los tiempos han terminado. Tú estás salvado.

"Lo toma de la mano y las bóvedas del infierno se abren para dejarlos pasar... Ellos ven, al pasar, a todos los mundos que ruedan al abismo. *Cielo*. Dios, cuando llegaron ellos, lo había juzgado todo con una sola mirada. Los ángeles estaban sentados. Un lugar estaba vacío entre ellos: el primero.

"Una voz inefable pronunció estas palabras: Has sido castigado en el tiempo; has sufrido bastante porque fuiste el ángel del mal. Pero amaste una vez; entra en tu eternidad. El mal ya no existe".

Pocos años después un poeta italiano, en 1856, José Montanelli (1813-1862) publicó en París, donde estaba exilado, un poemita dramático, *La Tentazione*. En él aparece Satanás que después de haber tentado a algunos hombres célebres, se convierte y, cuando Cristo le perdona, vuelve a ser un esplendente querubín.

Algunos años más tarde el tema de Satanás perdonado reaparece en un poeta bastante más grande y famoso que José Montanelli, en Víctor Hugo. En un poema de su vejez, *Le fin de Satan* (publicado póstumamente en 1886), él imaginó que, gracias al ángel de la Libertad, también Lucifer era redimido. Bastará citar algunos versos donde Hugo hace hablar a Dios:

> El arcángel resurge y el Demonio acabó.
> Yo borro la noche siniestra y nada queda de ella
> Satán ha muerto. Renace, oh, Lucifer celeste.

En Italia, en nuestros tiempos, el poeta Fernando Tirinnanzi (1879-1940) ha vuelto a la gran visión de Orígenes en algunos de sus escritos —sobre todo en el *Bacio di Giuda* que lo he citado ya en otro capítulo— y ha hecho suya la esperanza, cristiana esperanza, de una redención de Satanás no imposible y no lejana.

Esta coincidencia, a tan grande distancia en el tiempo, entre los teólogos de los primeros siglos cristianos y los poetas de los últimos siglos, puede sorprender, pero puede también hacer meditar. Todo menos escandalizar.

La doctrina de la reconciliación total y final de todos los seres en Dios no forma parte de las enseñanzas de la Iglesia de Roma, pero quien conozca la historia del pensamiento cristiano sabe que paulatinamente con los siglos hubo cambios y más cambios en torno de los mayores dogmas de la fe. Algunas opiniones durante mucho tiempo enseñadas fueron con el decurso del tiempo anuladas, aunque no condenadas; otras nuevas las sustituyeron. Y puede y debe repetirse un renovamiento análogo en los siglos venideros. Con tal que la esencia del dogma no sea alterada o negada, son posibles siempre interpretaciones y demostraciones más auténticas y profundas que las antiguas. Debemos observar que mientras muchos cristianos se han desanimado y desertado de, su fe, hay otros, en menor número si se quiere, que han penetrado siempre más el sentido del cristianismo por el hecho mismo de vivirlo en toda la plenitud con la guía de los preceptos más absolutos del Evangelio. Estos cristianos se están haciendo siempre más íntimamente cristianos, según el espíritu del cristianismo eterno, aunque algunas veces den una nueva interpretación a la letra.

Desde algunos siglos ha, la idea de la llama devoradora de los hombres —sea la de los rojos, sea la del infierno—, no turbaba la sensibilidad y la mente de los buenos católicos. De un tiempo a esta parte, hay aún en los mejores un sentimiento muy distinto: no pueden aprobar ni la muerte de los herejes ni las penas eternas de los pecadores. Estos cristianos, que se hacen cada día más cristianos, no niegan la existencia del infierno, pero creen y desean que quede despoblado, casi desierto. El calvinismo sangriento del quinientos es, hoy, para estas almas más amorosas, todo lo contrario: el infierno vacío y poblado el Paraíso.

Ellos piensan que un Dios, verdaderamente Padre, no puede torturar eternamente a sus hijos y sostienen que un Dios, todo amor, como nos lo presenta el mismo Cristo, no puede negar eternamente su perdón ni siquiera a los más impenitentes rebeldes. La misericordia en el fin de los tiempos, o sea del mundo presente, deberá también sobrepujar la justicia. Y si esto no ocurriera deberíamos pensar que el Padre mismo de Cristo no es un cristiano perfecto.

No pretendemos que estos sentimientos y estos pensamientos sean aceptados hoy por la doctrina oficial de la Iglesia docente y, menos aún, pretendemos enmendar le la plana. Pero lo que no es lícito enseñar como verdad eterna y segura, puede y debe admitirse como una esperanza cristiana y humana. Los tratados de teología seguirán diciendo que no a la doctrina de la reconciliación total y final, pero el corazón —"que tiene sus razones que no conoce la razón"— seguirá anhelando y esperando el sí. En la escuela de Cristo hemos aprendido que, por encima de todo, lo imposible puede ser creído.

El Amor Eterno —cuando todo se haya cumplido y expiado — no podrá negarse a sí mismo ni siquiera delante del negro rostro del primer insurgente y del condenado más antiguo.

Noviembre 1953

APÉNDICE

XV
EL DIABLO TENTADO

RADIODRAMA EN TRES TIEMPOS

ARREOLA

XV
EL DIABLO TENTADO

RADIODRAMA EN TRES TIEMPOS

PRIMER TIEMPO

Una plaza inmensa, desierta. En el centro una catedral gigantes-
ca, con torres y agujas que apenas se divisan en el cielo nubloso de
un crepúsculo de otoño. Es el 29 de septiembre, festividad de San Mi-
guel arcángel. Por entre las puertas de bronce, semicerradas, llega un
canto dulce y solemne. Satanás se pasea arriba y abajo, meditabun-
do, por delante de la catedral. De súbito se detiene a escuchar cerca
de las puertas, como si aquel canto le atrajese. Se oyen bien claras
las palabras del coro:

> Contra ducem superbiae
> Sequamur hunc nos principem
> ut detur ex Agni Throno
> nobis corona gloriae.

Mientras, absorto, escucha Satanás el canto de alabanza a su vencedor, llega, casi
corriendo, un diablo en forma humana. Es Uriel

URIEL

¡Príncipe! ¿Qué haces? Te buscan los nuestros. Allá abajo.

SATANÁS
(Estremeciéndose)

¿Allá abajo? ¿Dónde?

URIEL

Sí, allá abajo, en tu reino, en nuestro reino.

SATANÁS

También éste es mi reino. ¿No está escrito que yo soy "el príncipe de este mundo"?

URIEL

No te reconozco ya, Señor. ¡Estás hablando hoy con las mismas palabras de tus enemigos! ¿Qué sucede?

SATANÁS
(Se oye de nuevo el coro)

Déjame escuchar este canto.

URIEL

¿Ignoras por ventura que el populacho arrodillado celebra hoy la fiesta de tu vencedor? ¡Y tú estás aquí a la puerta escuchando, como el niño que han echado del teatro y se contenta con oír las voces a través de las rendijas de la puerta!

SATANÁS

¿Desde cuándo los discípulos se permiten la audacia de dar lecciones al maestro? Tú no puedes comprender. ¿Ignoras acaso que el vencido puede estar ligado con su vencedor más que a un hermano suyo?

URIEL

No, no comprendo. Yo sólo sé que ahí dentro una manada de borregos balan para celebrar tu derrota. ¡Y tú, Satanás, el Grande, te dignas escucharlos!

SATANÁS

Uriel, te creía más listo. Si yo hubiese sabido antes de qué ralea iban a ser mis secuaces, quizá no hubiera... Escúchame. Si yo hubiese vencido al ejército del Gran Señor, ¿no se habrían levantado para mí estas torres? Y las muchedumbres de las gentes, siempre dispuestas a seguir al vencedor ¿no me cantarían ahora mis alabanzas? Aun vencido yo me siento cerca de Miguel, aunque tú no lo creas.

URIEL

Nunca te he oído hablar de esta guisa. Y no creo que deba oír semejantes palabras.

SATANÁS

La compañía de los condenados te ha embrutecido. ¿Nunca te ha venido a las mientes, acémila de las sombras, que si yo hubiese vencido a Miguel, nosotros ahora seríamos los dominadores del cielo y seríamos los legítimos representantes del bien?

URIEL

No quiero pensarlo. Esa fantasía sería para mí una tortura más. Con todo, hay cierta voluptuosidad en nuestra condición de malditos. El imperio del mal es tan vasto como el del bien. Tú mismo nos lo has dicho así.

SATANÁS

Pero no te he dicho todavía otra verdad: que ei infierno no es más que el Paraíso al revés. Una espada reflejada en el agua toma la forma de una cruz. Un incendio en el espejo del mar es una fiesta de fuegos artificiales. A pesar de todo, nosotros somos aún hermanos de aquellos que nos vencieron, de aquellos que dejamos allá arriba.

URIEL

Perdóname, pero no puedo seguirte. ¿Eres tú, Satanás, el emperador del abismo, quien precisamente me está hablando así?

Satanás

Yo creía que hablaba a un genio del fuego y ahora veo que tengo delante de mí a un tizón apagado. Pero ¿es que no recuerdas nada de nuestro primer estado? ¿De nuestro esplendor que vencía al de todos los soles y de nuestra felicidad que se asemejaba a la de Dios? ¿No has sentido nunca, ni siquiera por un instante, la añoranza de las alturas, de la luz, de la alegría? Y aun que esta añoranza añadiese más tormento a nuestro tormento, ¿acaso íbamos a espantarnos nosotros que somos atormentados y atormentadores; nosotros que por esencia y por la condena, no somos más que dolor?

Uriel

Tú me confundes. ¿Será que después de tantos milenios tienes ahora como un remordimiento de tu rebelión? ¿No fuiste tú quien nos arrastró a la revuelta y no fuiste tú la causa de nuestra derrota? ¡Y el soberbio, nos habla ahora, como una mujeruca repudiada que añora su viejo hogar pacífico! Nada, que este gorigori clerical te ha turbado. Ya no eres el que siempre hemos conocido y obedecido. Vuelve en ti. Y abandona este lugar pestilente.

(Se oye de nuevo el canto de los fieles)

¿No oyes cómo exaltan el recuerdo de tu vergüenza? Ven, no los escuches más.

Satanás

Tú no me comprendes. Si hubiera en mí un verdadero arrepentimiento de lo que un día me atreví a hacer, ya no estaría aquí: sería digno de volver a subir a mi patria, estaría cerca de la salvación. El mío no es un remordimiento, sino un recuerdo. Recuerdo ofuscado y desesperanzado por la felicidad perdida. El orgullo no se ha debilitado en mi espíritu. Yo no me retracto de nada. No consigo perdonar aun a Aquél que no quiere perdonarme. No quiero servir y tengo que servir, condenado como estoy a la más horrible servidumbre: a la de robar las almas a los hombres. ¿Y qué de insólito hay, en que al esclavo encerrado en la oscuridad de la ergástula reaparezca un momento la visión del cielo libre donde un día fue besado por el sol? ¿No fuiste tú también una vez totalmente luz?

URIEL

Ese recuerdo no es más que un tormento y un suplicio. ¿No tenemos ya bastantes? Deséchalo. Vuelve en ti y sígueme allí, donde te llaman.

SATANÁS

Vete, déjame. Yo no tengo miedo, como tú, a duplicar mi dolor.
(Se oye una música dulcísima que no viene ya de la catedral, sino del cielo)

SEGUNDO TIEMPO

Aparece de pronto el arcángel Rafael, todo de blanco, nimbado en un gran res-
plandor. Se acerca a los dos diablos. Satanás, sorprendido, calla y no se mueve

URIEL

Es un fiel de Él, un enemigo nuestro, el compañero de Miguel.
Huyamos, Satanás. Yo no quiero verlo.

SATANÁS

¿Tú aquí?

RAFAEL

Sí, soy yo, Rafael, el que en un princípio fue tu hermano.

SATANÁS

¿Vienes a buscarme? ¿A mí?

RAFAEL

Es Él quien me ha mandado a buscarte.

SATANÁS

¿Te ha mandado a buscarme, a mí? ¿A mí, el réprobo, el maldito, el expulsado, el rebelde, el vencido?

Rafael

Sí, precisamente a ti, el desdichado.

Satanás

¿Qué ha ocurrido allá arriba? Ha debido ser algo inaudito. Han pasado siglos y más siglos, millones de noches y de soledad y ninguno de vosotros me ha buscado. Después de vuestra victoria nadie ha osado acercarse al monstruo que fue precipitado en las tinieblas inferiores.

Rafael

Habría bajado antes si antes hubieses llamado tú.

Satanás

¿Llamado? Tú desvarías. ¿Quién ha llamado, pues?

Rafael

Tú mismo, Satanás. Las palabras que tú has dicho a tu compañero de desgracia llegaron hasta allá arriba y fueron oídas por Él. Y ha sido Él quien me ha mandado cerca de ti.

Satanás

¿Mis palabras? ¿Qué es lo que he dicho yo? Yo no he dicho nada que se pareciese a una plegaria, nada que pudiese sonar a arrepentimiento. Quise ser el primero y soy el primero, aunque sea en un mundo distinto al tuyo. Pero la monarquía del mal no tiene confines, justamente como la de tu Señor.

Rafael

Tú no tienes aún remordimiento, pero se ha despertado en ti un recuerdo, y en ese recuerdo hay un poco de añoranza, y en la añoranza

una sombra de deseo, y en el deseo un aguijón de dolor, y en el dolor
hay ya un principio de expiación, y en la expiación...

SATANÁS

¡Calla! ¡Basta ya! Se ve que en mi ausencia te has vuelto también
tú un poco casuista. Podrías hacer un predicador de cuaresma pasable,
si no estuvieses ocupado en otro y mejor menester. Dulce es tu palabra, pero yo no soy mosca para esa miel.

RAFAEL

Déjate de bromas, Lucifer. Tú no hablabas con esa ironía a tu
obtuso compañero hace un momento. Dios esperaba, desde el instante
mismo de tu condena, las palabras que has pronunciado, al despertar
de nuevo tu recuerdo, el recuerdo de aquel esplendor que te embriagó.
Y si aquella vez mandó contra ti a Miguel, con todas sus espadas fla-
mígeras, hoy me envía a mí con las palabras de la invitación.

SATANÁS

Prefiero a Miguel. Miguel es un guerrero y por eso puede comprender mi violencia y mi humillación. Como ves, estaba escuchando
a estas puertas el himno en alabanza suya.

RAFAEL

Miguel será el primero en acogerte cuando vuelvas, si es que
quieres volver. Y todos tus antiguos compañeros esperan igual que yo
que antes de la consumación de los siglos vuelvas. La añoranza de tu
gloria primera te encamina a recuperarla. Porque cree en esa nostalgia
tuya Él que te amó y te maldijo me ha enviado a hablarte.

SATANÁS

El viejo Señor obró siempre con demasiada prisa: entonces y ahora. Acaso no era digno de una pena tan despiadada, quizá no soy digno de esta piadosa solicitud. Dile que espere: es su oficio.

Rafael

La ironía es la máscara de tu angustia. Quítate la máscara y escúchame. Dios sufre por ti y no es de ahora. Su amor te espera desde el mismo día en que su justicia te persiguió.

Satanás

¿De veras? ¿Desea realmente volver a verme? No puedo creerte. ¿Por qué entonces no ha dado señales de vida antes de hoy, sabiendo como sabía cuán horrenda era mi suerte y qué grandes los estragos que estaba haciendo entre los hombres, sus hijos amados?

Rafael

Dios no podía dar y no debe dar el primer paso. Por ti mismo, por tu soberbia, fuiste precipitado; por ti mismo, por tu humildad, volverás a elevarte.

Satanás

Pero, si no recuerdo mal, fue Él quien me creó. Me creó, pues, capaz de soberbia, de furor y de todo mal. ¿Cuál es el padre que castiga a un hijo suyo si nace escamoso como una serpiente y piloso como un oso?

Rafael

Tu mente está aún entenebrecida por la caída. Te olvidas de que Él te hizo entre otros un don divino: la libertad. Si tú has abusado de esa libertad para rebelarte, la culpa es tuya y solamente tuya.

Satanás

Seguro. Si a un niño ignorante le hago el regalo del fuego, la culpa es suya si incendia la casa.

Rafael

No blasfemes. Tú no eras un niño ignorante, sino el más perfecto, el más sabio y el más alto de los ángeles.

Satanás

Precisamente por eso me sentí tentado a igualarlo. Sí me hubiese hecho pobre de espíritu como a Miguel y como a ti, no habría caído.

Rafael

¿Ves? Hasta en esas palabras aflora sin quererlo un tanto de amargura. No lo disimules: en vez de ocultarlo, confiésalo. Tienes delante de ti a uno que te amó y quiere salvarte. Piensa en el dolor de Dios, infinito como Él es infinito. Piensa en su dolor de haber tenido que trocar en príncipe del mal al que le era más semejante y estaba más cerca de Él.

Satanás

¿El dolor de Dios? Pero Dios, ¿puede sufrir? El perfectísimo ¿puede ser turbado por la imperfección?

Rafael

Dios es amor y no hay amor sin dolor. Si Él no hubiese sufrido por la infelicidad humana, ¿habría hecho descender a la tierra a su Primogénito para ser el Hombre de los Dolores?

Satanás

He conocido en persona a tu Hombre de los Dolores, hace muchísimos siglos ya. Y hasta hemos tenido largos diálogos allá en el desierto de la Judea. No me desagradaba del todo aquel Hombre Dios o aquel Dios Hombre. Debo convenir más bien en que me trató con más amabilidad de la que habría empleado tu fogoso Miguel: Pero si realmente era Dios enviado por Dios, ¿por qué no me ofreció su paz? Al contrario, al final me dijo: *"Vade retro"*. Y yo me hice tan atrás, tan atrás que ahora me da mucho que pensar cómo rehacer el camino para la salida.

RAFAEL

Dios esperaba una señal tuya, como te he dicho. Pero tú, al contrario, te has obstinado en ser el mismo frenético de orgullo. Tan es verdad que pediste a Cristo, al Hijo de Dios, que se postrase a tus pies y te adorase.

SATANÁS

Pero ¿no había venido a perdonar a todos? ¿Y no predicaba el amor a los enemigos: Yo era el adversario, el enemigo y habría debido dar ejemplo ofreciéndome su perdón y su amor.

RAFAEL

Él había bajado a la tierra por salvar de tus acechanzas a los hombres, tus víctimas, y no por ti. Y tú, empero, entraste en Judas y bajo los despojos del discípulo, lo vendiste a sus verdugos.

SATANÁS

También esa vez perdí la partida y ahora no quiero volver a empezar.

RAFAEL

Tú, como eres el engañador, quieres también engañarte a ti mismo. Pero Dios, que es solamente amor, no abandona a ninguno, ¡ni siquiera a ti que fuiste el primero en abandonarlo! Si la Pasión del Hijo rescató a los hombres, la Pasión del Padre podrá rescatar a los ángeles rebeldes. Si a su dolor respondiera tu dolor estarías salvado.

SATANÁS

¿Y qué espera ahora el Misericordioso? ¿No soy, acaso, dolor y no otra cosa que dolor desde el día en que fui sepultado en las tinieblas?

RAFAEL

Te equivocas. El tuyo no es un verdadero dolor, sino un nudo de serpientes, hecho de soberbia herida, de cólera impotente, de rencor servil, de venganza furiosa. Tú sufres y sufres justamente, pero no te elevas al dolor purificador. Un impulso de verdadero dolor brilló, empero, en las palabras que decías a tu subalterno repugnante, cuando recordabas la bienaventuranza perdida, cuando pensabas que sin aquella loca insurrección tú estarías aún a la diestra del trono de Dios.

SATANÁS

Tus palabras me producen un efecto extraño. Yo estoy acostumbrado a tentar a esas miserables criaturas humanas que no tardan mucho en ceder y tú ahora quieres quitarme el oficio. Pretendes tentarme con tus lisonjas. El tentador tentado: ¡bonito título para un drama de mis amigos los románticos!

RAFAEL

¿No has advertido que los hombres ahora ya se cuidan poco o nada de tu persona aun cuando sigan tu doctrina? ¿No estás cansado de tentar a quienes no te resisten? Si tú experimentas una amarga voluptuosidad al arrastrar a los otros hacia abajo ¿no experimentarías una alegría más profunda haciendo raptarlas hacia lo alto?

SATANÁS

Precipitar hacia abajo y precipitar hacia arriba. Precipitar eternamente. ¿No habrá, pues, un remanso de paz para mí y para todos los seres?

RAFAEL

No hay reposo más que en el seno del Eterno. Recuerda aún una vez más tu antigua felicidad, tu alborozo, el éxtasis que te embelesó, apenas surgiste de la nada. No lo olvides nunca; recuérdalo siempre, recuérdalo todo: luz que te envolvía como un manto de oro y de diamantes, el canto silencioso que subía desde tu corazón puro, el amor que te abrasaba y, en vez de consumirte, te engrandecía más y más, la presencia del Creador que te hacía semejante a Él, precisamente a ti, el arcángel predilecto. Piensa que un solo impulso de arrepentimiento puede restituirte a aquella plenitud de dones y puede consolar el dolor de Aquél que te quiso siempre feliz. ¿Es que no tendrás al fin compasión de Dios, del Dios que sufre por culpa tuya?

SATANÁS

¿Qué dices? ¿Piedad a Aquél que no conoce la piedad? ¿Tan pobrecito está Dios que ha de pedir caridad a su mayor enemigo?

RAFAEL

Es el más misterioso de todos sus arcanos y, sin embargo, es así como dices. Dios es la infinita prodigalidad de amor y sin embargo es el eterno Mendigo que pide a todos la limosna de su amor. Mientras haya uno que se la niegue el Emperador del universo será un incansable pobrecito que llamará de puerta en puerta, desde la primera hasta la última de sus criaturas. Satanás, ten misericordia de ti y de Él.

SATANÁS

Demasiado tarde. Él me ha fulminado, me ha reducido a cenizas y ¡querría que de estas cenizas negras brotase aun una llamita! ¿No sabes, acaso, que mi dolor más atroz consiste precisamente en mi incapacidad de sentir aquel otro dolor que tú me pides, en mi impotencia desesperada de amar y de amarme a mi mismo?

En estos momentos las puertas de la catedral se abren. La muchedumbre de fieles sale como un río humano. Rafael y Satanás se echan atrás al lado de un gigantesco tilo que hay en la plaza

La gente pasa y desaparece murmurando. Última, sola, sale una mujer que mira en torno suyo. Es una mujer joven y bella: el rostro pálido enmarcado en un chal negro, Satanás la observa y se acerca a ella.
Rafael desaparece en la sombra

TERCER TIEMPO

La mujer está sola en la plaza desierta. Se detiene, como si dudase qué camino tomar. Satanás se le acerca.

SATANÁS

Señora, empieza a oscurecer y quizá no conozcáis estos lugares. Si puedo seros útil, aquí me tenéis a vuestras órdenes.

VIRGIA

Os equivocáis, señor. No tengo necesidad de guía ni de compañía. Os lo agradezco.

SATANÁS

Tal vez no os fieis de mí, porque no me habéis visto hasta ahora. No penséis mal, señora. Yo soy un caballero, un viejo caballero, mucho más viejo de lo que imaginar podéis.

VIRGIA

No me cuido de la edad de los demás. Tal vez seáis viejo y no seáis caballero. Los verdaderos caballeros no salen al encuentro de la gente como hacéis vos.

SATANÁS

Y sin embargo, hermosa señora, os aseguro que yo soy el primogénito de una familia antiquísima, de una familia principesca, la primera que hubo en el mundo. Y a no ser por una locura repentina...

VIRGIA

Ahorraos, os lo ruego, la historia de vuestra ilustre prosapia y dejadme ir por mi camino.

(Va a andar pero no consigue dar un paso)

SATANÁS

Os advierto, señora; que no soy un recién llegado. Tengo aún un resto del viejo poder a mi disposición y vuestra inmovilidad es una prueba de ella. No podréis moveros de aquí mientras yo no quiera.

VIRGIA

Comprendo ahora: vos no sois un caballero, sino uno de tantos brujos que andan por el mundo para burlarse de los cristianos. Pero el juego ha durado ya demasiado y os ruego que me dejéis marchar.

SATANÁS

Graciosa señora, vuestra definición no es totalmente exacta pero tiene algo de verdadera. Estoy un poco más por encima de los brujos vulgares: mejor aún, si queréis saberlo, todos esos son mis siervos y subalternos. No esperéis, pues, poder huir de mí.

VIRGIA

¡Vos! ¿Es posible? ¿Queréis hacerme creer que sois Él?

SATANÁS

¿Quién es ese Él?

VIRGIA

Tratáis de engañarme. Os queréis aprovechar de mi credulidad. ¿Qué puede haber de común entre yo y Él?

SATANÁS

Más de lo que os imagináis, mi dulce señora. Tanto como el hecho de existir, o sea de sufrir. Y después, la caída: hay quien cayó ayer y quien caerá mañana, pero todos estamos destinados a ese fin. No os espantéis por eso. No es tan terrible como lo pintan los curas.

VIRGIA

No os creo. No quiero creeros. Dejadme ir. No me importa saber quién sois. Yo estoy con Dios y no quiero conversación con nadie más.

SATANÁS

También la primera mujer con la cual tuve el placer de hablar, hace muchísimo, pero muchísimo tiempo ya, estaba cerca de Dios. Es más, su hermoso cuerpo había sido modelado por las manos mismas de Dios. Y, sin embargo, ella me escuchó con mucha benevolencia. No me rechazó como hacéis vos, sino que estuvo muy amable y aceptó mi humilde sugerencia... ¿No habéis oído hablar nunca de esto?

VIRGIA

Ahora te reconozco, pero no tengo miedo de ti. Tú eres el maldito, el caído, el adversario, el tentador. Pero Dios te ha condenado, Miguel te ha vencido y Cristo nos ha librado de tu dominio. Yo no quiero tener nada contigo. Déjame ir.

(Se debate: trata de huir sin conseguirlo)

SATANÁS

Finalmente has comprendido quién soy y yo sé quién eres. Tú eres Virgia, la hija del famoso poeta, la que no ha conocido hombre y desea hacerse esposa de Cristo. Bien, ahora que se han hecho las presentaciones, nos entenderemos mejor. Roto el hielo, las confidencias vendrán poco a poco...

Virgia

¿Las confidencias? Si quieres confidencias las tendrás. Acepto el desafío. Te he dicho ya que no tengo miedo de ti. En mi alma tengo un aliado más fuerte que tú.

Satanás

No lo dudo, mi querida niña. Estoy aquí para verlo. Pero tú sabes que en la criatura humana hay dos partidos: el partido del espíritu y el de la carne. Y este segundo partido casi siempre es mi aliado. Tú eres bella, eres joven; tus venas están llenas de sangre caliente, tus ojos están llenos de imágenes, tus manos tiemblan en la impaciencia de la caricia... No pierdo todas las esperanzas.

Virgia

Por más demonio que seas, tu diabólica inteligencia por esta vez está en derrota. Yo no soy de esas mujeres que caen en embeleso o deliquio a las primeras exhalaciones de tus secuaces. Y puesto que me tienes clavada aquí en tu presencia, deseo hablarte yo en ese tono de confidencia que deseas. ¿Permitirá a una humilde mujer hablarle libremente "el príncipe de este mundo"?

Satanás

Con muchísimo gusto. He amado siempre las novedades. Hasta ahora las mujeres me obedecen o me huyen. Estoy ansioso por saber lo que quieres decirme.

Virgia

Agradezco tu condescendencia. Quiero decirte lo que ningún hombre, tal vez, tuvo el pensamiento o el deseo de decirte. Tú eres la encarnación del mal. Pero en este momento yo me esforzaré solamente en ver en ti al antiguo arcángel; tu alma fue creada en el principio por Dios y puedo amar a esa alma sin pecado.

SATANÁS

¿Una declaración de amor?

VIRGIA

Olvida por un momento que eres el maligno y escúchame. Contempla tú, que puedes hacerlo mejor que nosotros, el espectáculo del mundo. Tú sabes que el género humano ha perdido la razón y que esta pérdida de la razón ha multiplicado sus desgracias y estas desgracias multiplican sus locuras. Aun cuando los hombres creen menos en tu existencia, siempre serán tus esclavos y tu presa. No tienes ni siquiera necesidad de tentarlos. Van en torno de tu aureola como las libélulas de la noche en torno de la lámpara. Practican tus máximas sin saberlas y aceptan tu código antes de haberlo leído. Yo no te pido piedad para ellos: sé que no eres capaz de piedad. Yo me dirijo a ti solo, a tu dignidad de príncipe: ¿no estás cansado de tanta docilidad? ¿No estás asqueado de obediencia tan servil? Tú fuiste siempre un combatiente, un héroe a modo: te gusta siempre persuadir, vencer. ¿Qué satisfacción puedes sacar ahora ya de esta manada de borregos feroces que no te reconocen ni como pastor ni como lobo y que se hacen tus esclavos antes aún de que tus labios hayan dicho una palabra, antes de que hayas alzado un dedo? Yo, en tu lugar, me avergonzaría de esta pasividad universal y me retiraría del juego, que no es juego desde el momento en que no hay resistencia ni disputa.

SATANÁS

Algo de verdad hay en lo que dices. Te confieso que cada día me aburro más en la tierra entre estas catervas domadas y vencidas. Con todo, cada victoria, obténgase como se obtenga, produce siempre un placer. Además, yo no conozco otros placeres desde el tiempo…

VIRGIA

¿Desde qué tiempo? ¿Desde cuando eras puro y bellísimo al lado del gran corazón de Dios" ¿Y no podrías volver a aquel estado? Dios me inspira en este momento para revelarte un gran secreto. Él no puede perdonarte, porque pecaste contra Él, pero los hombres sí pueden perdonarte, porque lo que has hecho y haces contra ellos es una consecuencia de tu condena y no de tu voluntad. Si los hombres te perdonasen de corazón todo el mal que les hiciste y quieres hacerles aún, ¿tendrías valor para pedir perdón a Dios? Responde sin burlarte de mí, te lo suplico en nombre de tu primera esencia celeste.

SATANÁS

¿Perdonarme? Creo haber oído ya, hace muchísimos siglos, en Judea, una palabra semejante, pero no la he podido hallar en mi diccionario. Déjame que me reponga de la sorpresa y tal vez pueda contestarte.

VIRGIA

No te vayas por la tangente, enemigo de ti mismo más que de los hombres. Tú hiciste caer al género humano por medio de una mujer y ahora es precisamente una mujer la que quiere levantarte de tu caída. Yo no soy verdaderamente más que una simple mujer, una mujer desconocida, débil, pobre en sabiduría y experiencia, y sin embargo, estoy cierta de que Dios me dará la fuerza para mantener lo que te prometo en nombre de todos: los hombres te perdonarán, si tú prometes dejarlos en paz y reconciliarte con Dios. Nadie te hizo nunca este ofrecimiento, pero yo me atrevo a hacértelo, porque el amor me hace temeraria y acaso imprudente, pero el amor no tiene dudas ni límites. El Hijo de Dios nos mandó amar también a nuestros enemigos y ¿no eres tú quizá el más encarnizado y cruel de nuestros enemigos? Tú tienes, pues, derecho a ser amado por nosotros más que ningún otro.

SATANÁS

Pero ¿estás en tus cabales, mujer? ¿Olvidas quién es aquél al que osas hacer tamaño ofrecimiento? Los hombres, lo sé, aman el mal, pero ¿alcanzará un cristiano a amar al mismo soberano del mal?

Virgia

Yo te lo he dicho. Yo no amo el mal. Pero tú eres de todos modos una criatura de Dios y fuiste uno de sus hijos predilectos. Y es imposible que se haya borrado en ti todo rasgo de tu primera naturaleza. Aunque no quede en ti más que un ínfimo recuerdo o pequeñísimo deseo de aquella luz, yo amaría en ti el que fuiste en el tiempo de tu venturanza, amaría en ti al futuro hijo pródigo que volverá al palacio del Padre.

Satanás

Amar. Amor. Perdón. Palabras inusitadas y olvidadas por mis oídos y aún más por mi alma. Ningún hombre, ninguna mujer, me ha hablado como me hablas tú. Soy como un durmiente que se despierta con sobresalto y no consigue captar claramente lo que le dicen.

Virgia

Despierta, pues, y escucha. Los cielos están abiertos para ti otra vez. Tú hiciste caer al hombre, pero el hombre, para liberarse a sí mismo y liberarte a ti, te levantará de tu caída. Todos nosotros rogaremos por tu salvación, como no hemos rogado hasta ahora. Bastará con que haya en ti un vislumbre de arrepentimiento, un conato de remordimiento, una ascuita de amor. Nosotros haremos lo demás.

Satanás

Pero ¿es que podrá existir nunca una criatura humana capaz de amarme? Los hombres, hasta ahora, han sido mis esclavos o mis enemigos, se me han entregado o me han odiado. Amar significa hacerse un todo con el que se ama. ¿Quién podrá identificarse con la criatura más malvada e infeliz del universo? Desvarías, Virgia, no sabes lo que dices ni lo que prometes.

Virgia

Y, sin embargo, he entrevisto en algunas de tus palabras una sombra de amargura, un acento de añoranza. Tú no has podido olvidar la felicidad infinita que fue tuya: tú me has confesado haber llegado al tedio por tu dominación excesivamente fácil. Da otro paso, un solo paso más y me comprenderás.

SATANÁS

Déjame. Eres libre. No te retengo más. Nunca podré olvidarte, pero déjame ahora. ¡Huye!

VIRGIA

No, no quiero huir. Ahora que se ha roto el círculo de encanto que me retenía en este empedrado, ahora que podría correr a casa de mi padre, no quiero abandonarte. Ésta, a quien no olvidarás, tiene todavía que decirte algo más.

SATANÁS

Déjame, te lo ruego. Déjame solo con mi dolor inextinguible.

VIRGIA

Precisamente este dolor es mi punto de apoyo y la prueba de mi esperanza. Yo podría hablarte de los dolores innumerables que hacen delirar a los hombres y que son obra tuya. Podría hablarte del odio de los pueblos, de la sangre fratricida que enrojece cada día la tierra: del llanto infinito de los heridos y de los pecadores, de la infamia que envilece y corrompe a las almas, de los afanes que aguijonean y torturan a tantos corazones, de las epidemias incurables, del odio, de la codicia, de la vileza y del pecado, de todo lo que humilla, mortifica, dislacera, infecta y deshace a mis hermanos por tu culpa. Pero yo no quiero hablarte del dolor de los hombres. Yo hago un llamamiento a tu dolor, a tu deseo inconfesado de volver a la felicidad. Cuento con tu memoria que no se ha borrado del todo, con tu saciedad milenaria, con tu desesperación por tener siempre que hacer perder la esperanza. Yo te llamo en socorro de ti mismo.

SATANÁS

Vete de aquí, te digo. Me ofreces lo imposible. Tus palabras son como un señuelo que redobla mi tortura. Tú misma, que dices amarme, no me amas, porque me haces sufrir.

VIRGIA

Si tú tuvieses el valor de renegar de ti mismo, yo te prometo el perdón del género humano. Si tuvieras la fuerza de volver a ser el que fuiste yo te prometo el amor del género humano. Y mientras tanto, acepta, como una prenda, mi amor.

SATANÁS

¡El tentador tentado! ¡Lo que no estuvo al alca de un arcángel va a estar al alcance de una mujer! ¡sería demasiado absurdo creer en lo que me ofreces! haces espejear a mis ojos lo imposible. ¿Cómo podré creerte? También yo he hecho tantas promesas y no son más que engañifas y lazos. ¿Podré creerte alguna vez? Vete de aquí, te lo ruego, déjame.

VIRGIA

Te dejaré. Pero tú mismo has dicho poco la palabra que fortalece mi esperanza. Has dicho que podrás olvidarme. Y no me olvidarás. Tú mismo buscarás y yo lograré salvarte, porque tu dolor de ahora será el cómplice de mi amor.

(Virgia se aleja, llega Uriel)

URIEL

¿Estás solo, por fin? Vamos, pues.

SATANÁS

¡Vamos! Pero ¿a dónde?

Índice

Esta obra se terminó de imprimir en los talleres de
Impresora Publi-mex, S.A. de C.V.
Calz. San Lorenzo No. 279- 32 Col. Estrella Iztapalapa
C.P. 09850, México, D.F.
Se imprimieron 1,000 ejemplares más sobrantes